国家级职业教育教师教学创新团队成果

跨境电商综合服务应用技术协同创新中心成果

毛 通 楼裕胜◎著

基于大数据的
社会信用监测评价

EVALUATION OF
SOCIAL CREDIT MONITORING BASED ON BIG DATA

ZHEJIANG UNIVERSITY PRESS
浙江大学出版社

图书在版编目(CIP)数据

基于大数据的社会信用监测评价 / 毛通，楼裕胜著
. —杭州：浙江大学出版社，2022.5
ISBN 978-7-308-22482-6

Ⅰ. ①基… Ⅱ. ①毛… ②楼… Ⅲ. ①数据处理—应
用—信用制度—研究—中国 Ⅳ. ①F832.4

中国版本图书馆 CIP 数据核字(2022)第 056230 号

基于大数据的社会信用监测评价

毛　通　楼裕胜　著

策划编辑	吴伟伟
责任编辑	丁沛岚
责任校对	陈　翩
封面设计	项梦怡
出版发行	浙江大学出版社
	（杭州市天目山路 148 号　邮政编码 310007）
	（网址：http://www.zjupress.com）
排　　版	杭州星云光电图文制作有限公司
印　　刷	广东虎彩云印刷有限公司绍兴分公司
开　　本	710mm×1000mm　1/16
印　　张	11.5
字　　数	185 千
版 印 次	2022 年 5 月第 1 版　2022 年 5 月第 1 次印刷
书　　号	ISBN 978-7-308-22482-6
定　　价	58.00 元

浙江大学出版社市场运营中心联系方式：0571－88925591；http://zjdxcbs.tmall.com

序　言

　　本书是2018年度教育部人文社会科学研究青年基金项目"基于大数据的城市信用监测与评价体系研究(18YJC790117)"的研究成果。自2018年教育部人文社会科学研究青年基金项目立项以来,课题组成员脚踏实地、潜心专研,广泛联系政府部门和行业社会,深入基层一线,深耕社会信用监测与评价主题,进行了扎实的调查研究,陆续完成了杭州市信息中心委托的"探索构建杭州市招投标领域信用监测"和"杭州市政务诚信监测评价"研究项目;建德市、富阳区、西湖区、临安区、临平区、余杭区发改局分别委托的"建德市镇街信用监测""富阳区镇街信用监测""西湖区镇街信用监测""临安区镇街信用监测""临平区镇街信用监测""余杭区镇街信用监测"研究项目;大公浙江信用服务有限公司委托的"奉化区全域旅游信用指数"研究项目;上海三零卫士信息安全有限公司委托的"基于大数据思维的双架构城市信用监测体系研究"项目,等等。在《征信》《统计与信息论坛》《经济与管理》等核心期刊公开发表社会信用监测相关学术论文10余篇,取得了较为丰硕的研究成果。

　　本书结合作者近些年来围绕社会信用体系建设监测评价所开展的理论、方法与应用实践,进行系统的梳理和总结,以期为"十四五"期间如何就进一步推进中国特色高质量社会信用体系建设提供借鉴和思考。

　　本书在出版过程中,得到了课题组成员楼裕胜教授、谢朝德博士、顾洲一老师、孔杏老师等人在项目研究过程中的辛勤付出,得到了"国家级职业教育教师教学创新团队""跨境电商综合服务应用技术协同创新中心""金苑文库""中国特色高水平高职学校建设项目""杭州市哲学社会科学规划课题(Z22YD034)""浙江省省属高校基本科研业务费项目(2022ZD07)"的经费资助,在此一并表示感谢。

目　录

第一章 基于知网大数据的社会信用评价理论与方法综述

作为社会主义市场经济体制和社会治理体制的重要组成部分,中国特色社会信用体系的重要特征是以社会主义核心价值观为引领,以继承发扬中华民族重信守诺的传统美德,弘扬与社会主义市场经济相适应的诚信理念、诚信文化、契约精神为内在要求,将政府、企业、个人道德层面的诚信价值与经济层面的信用价值合而为一,以此为基础建立的社会信用评价体系因而具备鲜明的中国特色。随着《社会信用体系建设规划纲要(2014—2020年)》(以下简称《纲要》)规定的建设任务圆满收官,我国社会信用体系建设即将迈入高质量发展的新阶段。在这承上启下的特殊时刻,我们基于大数据,运用频数分布、共现矩阵、年度交叉、时间趋势、文献来源等统计分析手段,对社会信用相关主题的学术研究成果进行分析,以期直观展现这些年研究所取得的主要成就,分析研究的焦点和演变趋势。在此基础上,选取国内120余篇"社会信用评价"高被引文献,从三大层面(宏观、中观、微观)、八个方面(社会信用环境评价、社会信用体系建设评价、政务诚信评价、司法公信评价、营商环境评价、金融信用生态环境评价、典型行业企业诚信评价、重点人群职业诚信评价),对其评价目的、评价体系构建、评价指标设计、评价方法与实证应用情况等进行了系统梳理。最后分析了目前研究中存在的若干问题和不足,并立足"十四五"规划开局的新起点,展望未来,提出了一些新的研究方向。

第一节　社会信用评价知识图谱

一、文献总量统计

我们以中国知网大数据为基础,对"信用""诚信""信任""信誉""公信""征信""诚实""失信""守信""违约"10个主题词的相关文献成果进行统计,结果见表1-1。其中"信用"相关的研究主题多达44.04万篇,"诚信"相关的研究主题多达27.67万篇。

表1-1　基于知网大数据的信用相关文献成果数量统计

高频主题词		相关文献数量/篇	
信用	信用风险	5.34万,其中中文文献4.63万	44.04万,其中中文文献35.11万
	信用体系	3.96万,其中中文文献3.83万	
	企业信用	3.13万,其中中文文献3.05万	
	信用评级	2.75万,其中中文文献1.48万	
	社会信用	2.14万,其中中文文献2.11万	
	信用信息	2.12万,其中中文文献2.07万	
	信用等级	1.91万,其中中文文献2.25万	
	个人信用	1.68万,其中中文文献1.65万	
	信用评价	1.64万,其中中文文献1.27万	
	信用管理	1.54万,其中中文文献1.46万	
	信用建设	1.27万,其中中文文献1.26万	
	信用制度	1.20万,其中中文文献1.03万	
	信用评估	0.86万,其中中文文献0.64万	
	信用评分	0.72万,其中中文文献0.24万	
	信用监管	0.43万,其中中文文献0.43万	
	政府信用	0.48万,其中中文文献0.46万	

续表

高频主题词		相关文献数量/篇	
诚信	诚信教育	1.44 万,其中中文文献 1.44 万	27.67 万,其中中文文献 11.42 万
	诚信建设	1.24 万,其中中文文献 1.21 万	
	企业诚信	0.97 万,其中中文文献 0.95 万	
	社会诚信	0.89 万,其中中文文献 0.85 万	
	诚信体系	0.88 万,其中中文文献 0.75 万	
	诚信缺失	0.74 万,其中中文文献 0.72 万	
	大学生诚信	0.62 万,其中中文文献 0.62 万	
信任	信誉	4.80 万,其中中文文献 1.43 万	25.44 万,其中中文文献 9.35 万
	公信	4.22 万,其中中文文献 4.20 万	
	违约	4.17 万,其中中文文献 4.08 万	
	征信	3.10 万,其中中文文献 3.10 万	
	诚实	2.56 万,其中中文文献 1.43 万	
	守信	2.07 万,其中中文文献 1.39 万	
	失信	2.02 万,其中中文文献 1.76 万	

注:表中数据统计时间截至 2021 年 8 月 15 日。

二、研究主题分布统计

我们重点对其中的"信用""诚信""公信""征信""守信""失信""信用体系""信用评价"8 个主题词的分布进行统计。

（一）"信用"主题词分布统计

与主题词"信用"相关的研究成果中,数量排名前 30 的主题词如图 1－1 所示。其中排名前 10 的主题词依次为"农村信用社""中小企业""商业银行""信用风险""中小企业融资""应收账款""风险管理""农信社""credit""P2P"。

（二）"诚信"主题词分布统计

与主题词"诚信"相关的研究成果中,数量排名前 30 的主题词如图 1－2 所示。其中排名前 10 的主题词依次为"cognitive disturbance""integrity""诚信教育""大学生诚信""会计诚信""大学生诚信教育""medication""the integrity""企业诚信""embryonic stem cells"。

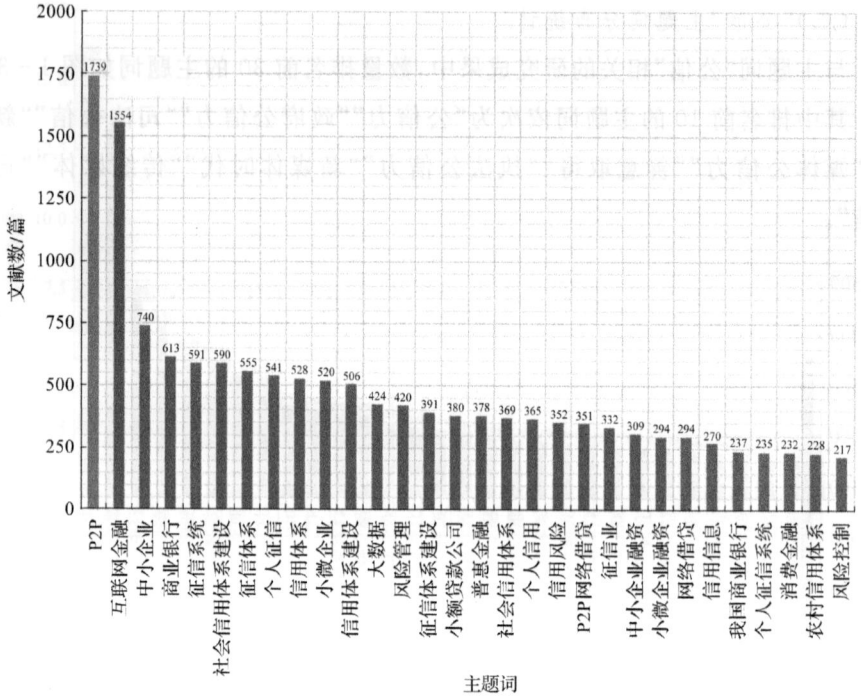

图 1-4　中国知网"征信"主题词分布情况（截至 2021 年 8 月 15 日）

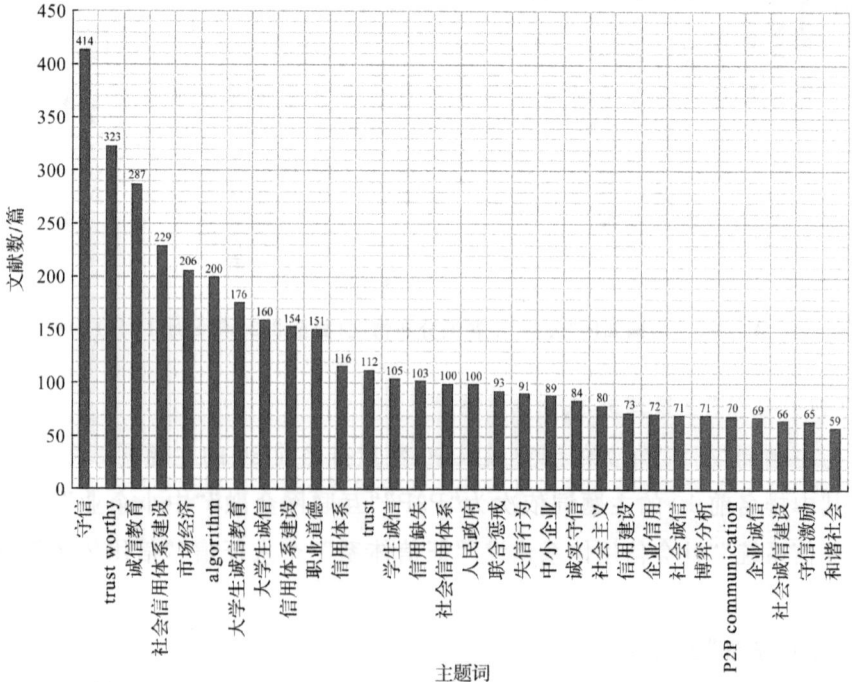

图 1-5　中国知网"守信"主题词分布情况（截至 2021 年 8 月 15 日）

其中排名前 10 的主题词依次为"守信""trust worthy""诚信教育""社会信用体系建设""市场经济""algorithm""大学生诚信教育""大学生诚信""信用体系建设""职业道德"。

（六）"失信"主题词分布

与主题词"失信"相关的研究成果中,数量排名前 30 的主题如图 1-6 所示。其中排名前 10 的主题依次为"失信行为""社会信用体系建设""信用体系建设""信用体系""联合惩戒""失信被执行人""社会信用体系""信用缺失""大学生诚信""失信惩戒"。

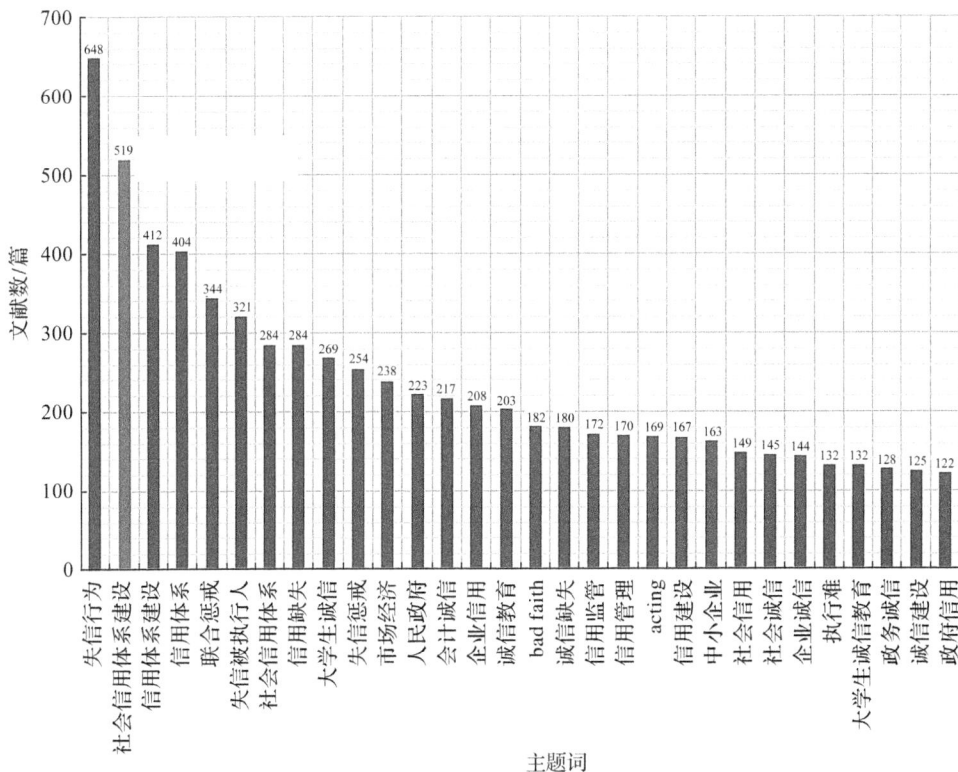

图 1-6　中国知网"失信"主题词分布情况(截至 2021 年 8 月 15 日)

（七）"信用体系"主题词分布

与主题词"信用体系"相关的研究成果中,数量排名前 30 的主题词如图 1-7 所示。其中排名前 10 的主题词依次为"信用体系""信用体系建设""中小企业"

"社会信用体系建设""社会信用体系""中小企业信用担保体系""中小企业融资""互联网金融""信用评价体系""农村信用体系建设"。

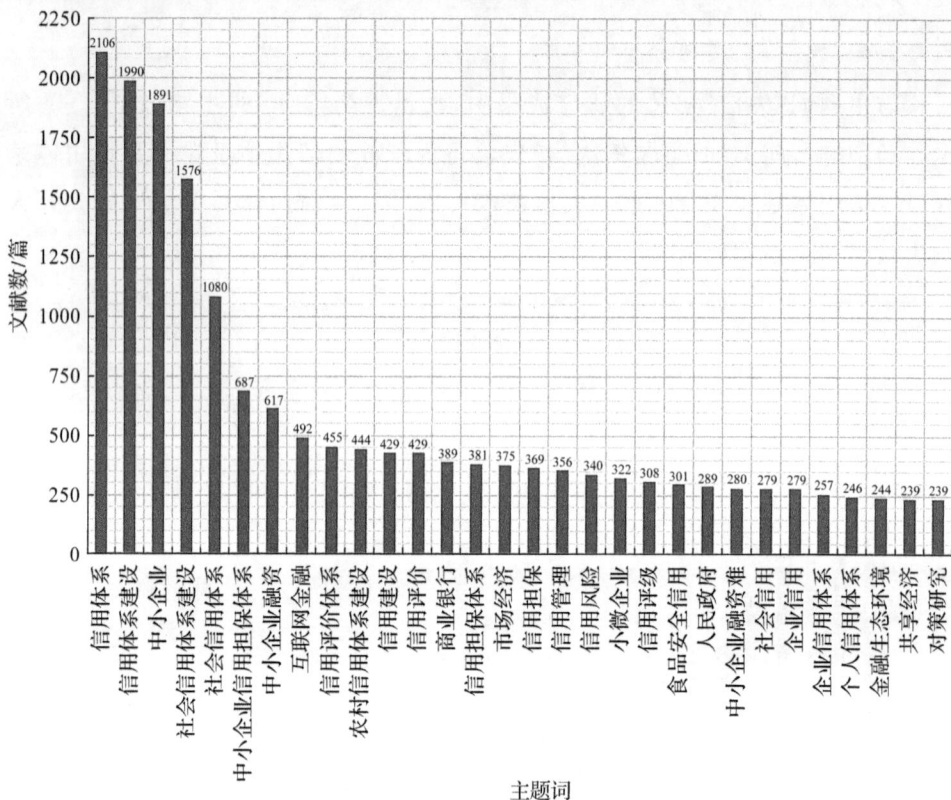

图 1-7 中国知网"信用体系"主题词分布情况（截至 2021 年 8 月 15 日）

（八）"信用评价"主题词分布

与主题词"信用评价"相关的研究成果中，数量排名前 30 的主题词如图 1-8 所示。其中排名前 10 的主题词依次为"信用评价""中小企业""信用风险""信用评价体系""信用风险评价""信用体系建设""企业信用评价""credit ratings""C2C""信用体系"。

三、发表趋势研究

我们对表 1-1 中 31 个主题词近 20 年相关文献发表时序数列进行统计研究，发现它们有两个共性特征：第一，在 2004 年、2014 年前后均出现了大幅增

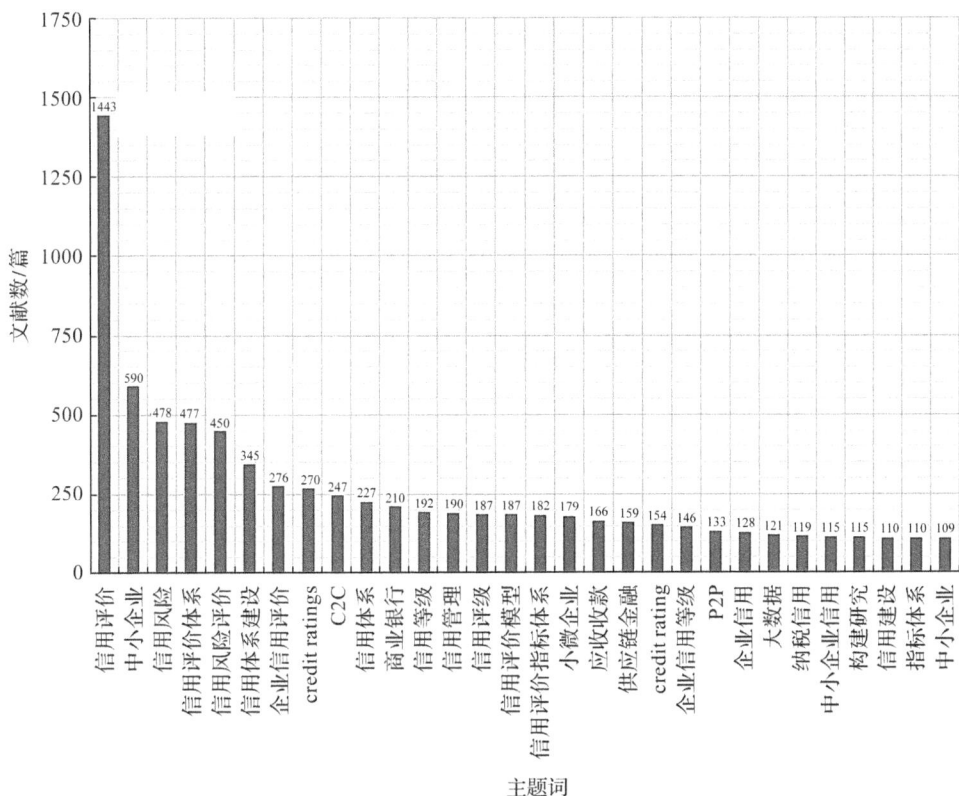

图1-8　中国知网"信用评价"主题词分布情况（截至2021年8月15日）

长,这与我国进行的两轮大规模社会信用体系建设周期相吻合(第一轮为"十五"计划和"十一五"规划期间,第二轮为"十二五"规划和"十三五"规划期间);第二,2020年无一例外出现了下降(从对2021年前7个月的发文量统计情况看,2021年将延续2020年下降的态势,且下降的态势十分明显),这或许与两轮大规模建设任务完成,我国社会信用体系建设即将由快速发展转入高质量发展的成熟期有关。除此之外,按照各主题词时序数列呈现的整体趋势特征,可将其概括为以下四种情形。

（一）整体呈上升趋势

2001—2020年,"信用风险""信用评价""信用评估""信用评分""信用监管""违约"6个主题词相关文献历年的发表量整体呈现上升趋势(见图1-9)。上述主题词相关的文献发表量尽管与信用体系建设周期存在一定关联,但总体

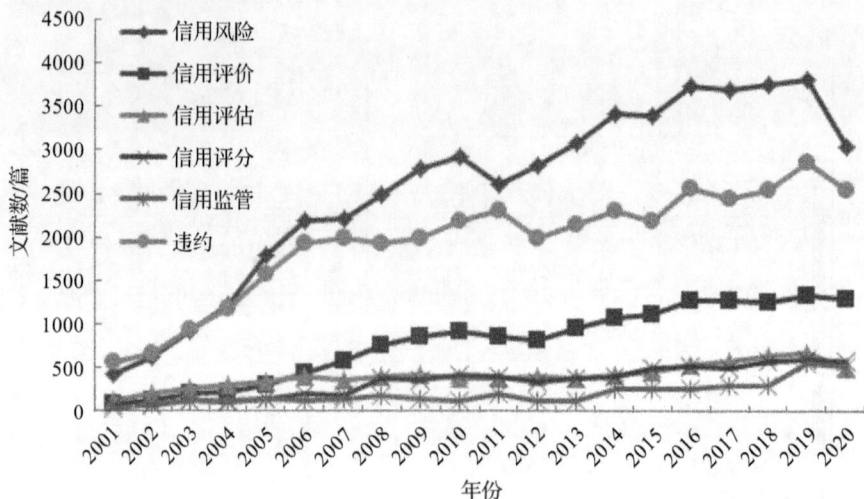

图 1-9 2001—2020 年文献发表数量整体呈上升趋势的主题词

上看影响并不十分显著。

(二)出现两轮波峰且第二轮高于第一轮

2001—2020 年,共有"诚信""信用体系""信用信息""社会信用""守信""失信""征信"7 个主题词相关文献历年的发表量整体呈现两轮波峰,且第二轮波峰要高于第一轮(见图 1-10)。这表明,上述主题词相关的文献发表量在两轮建设周期中都是建设重点,但第二轮建设周期的关联性可能更高。

(三)出现两轮波峰但第二轮低于第一轮

2001—2020 年,共有"诚信""信用管理""信用建设""社会诚信""政府信用"5 个主题词相关文献历年的发表量整体呈现两轮波峰,但第二轮波峰要低于第一轮(见图 1-11)。这表明,上述主题词相关的文献发表量在两轮建设周期中都是建设重点,但与第一轮建设周期的关联性可能更高。

(四)已过波峰呈下降趋势

2001—2020 年,共有"信用评级""信用等级""信用制度""企业信用""个人信用""诚信建设""诚信教育""诚信体系""诚信缺失""企业诚信""大学生诚信""信任""信誉""公信""诚实"15 个主题词相关文献历年的发表量已过波峰并呈下降趋势。但它们波峰出现的时间先后顺序不同。其中,"信用评级""信用等级""信用制度""企业信用""个人信用""诚信建设""诚信教育""诚信体系""诚信缺失""企业诚信""大学生诚信"11 个主题词的波峰出现要早于"信任""信誉"

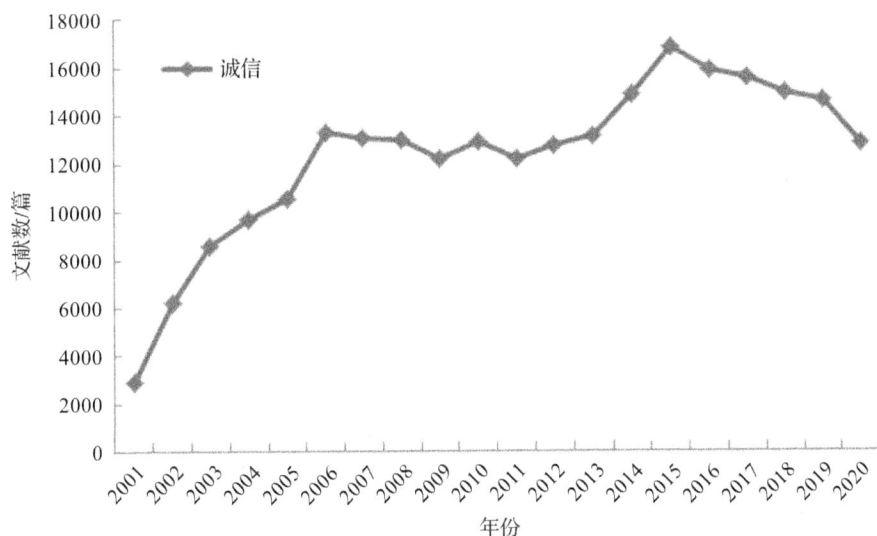

图 1-10 2001—2020 年文献发表数量出现两轮波峰且
第二轮高于第一轮的主题词

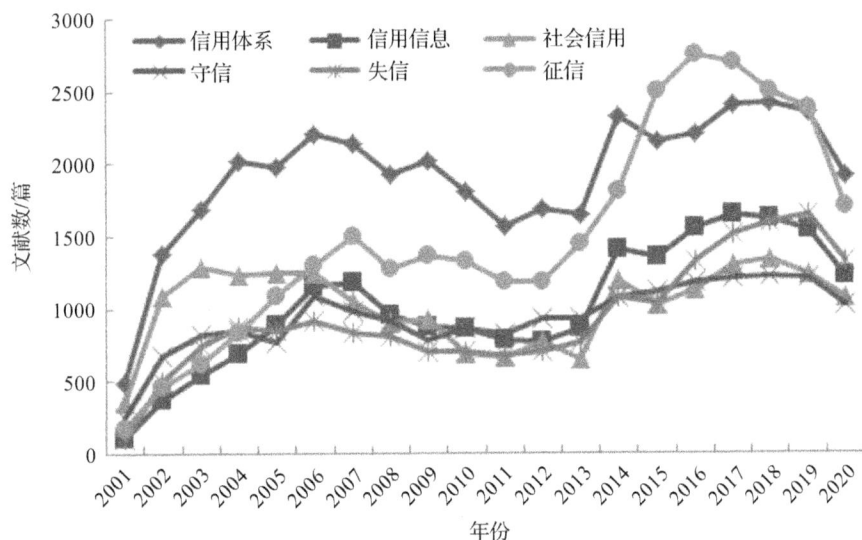

图 1-10 续图

"公信""诚实"这 4 个主题词(见图 1-12 和图 1-13)。这说明,前 11 个主题词相关的文献发表量波峰出现在第一轮建设周期,而后 4 个主题词相关的文献发表量波峰则出现在第二轮建设周期。

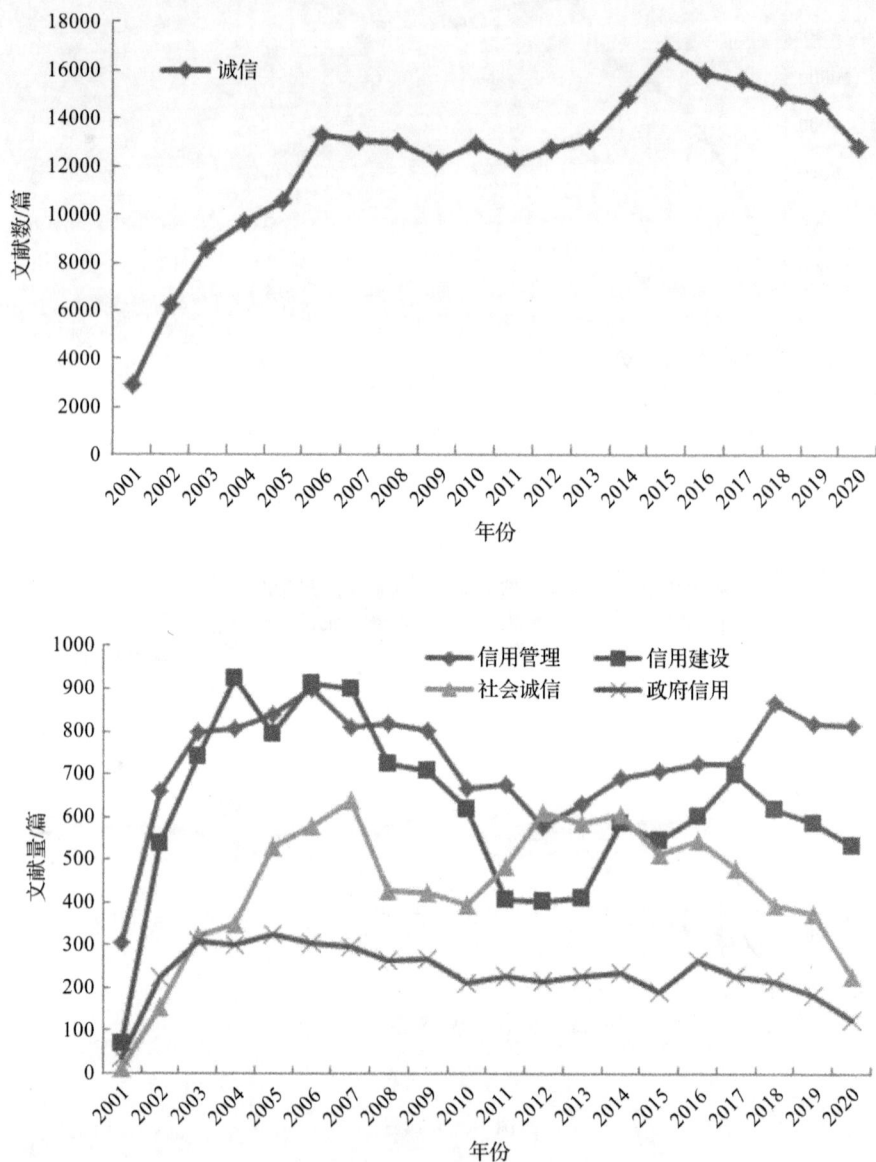

图 1-11　2001—2020 年文献发表数量出现两轮波峰但第二轮低于第一轮的主题词

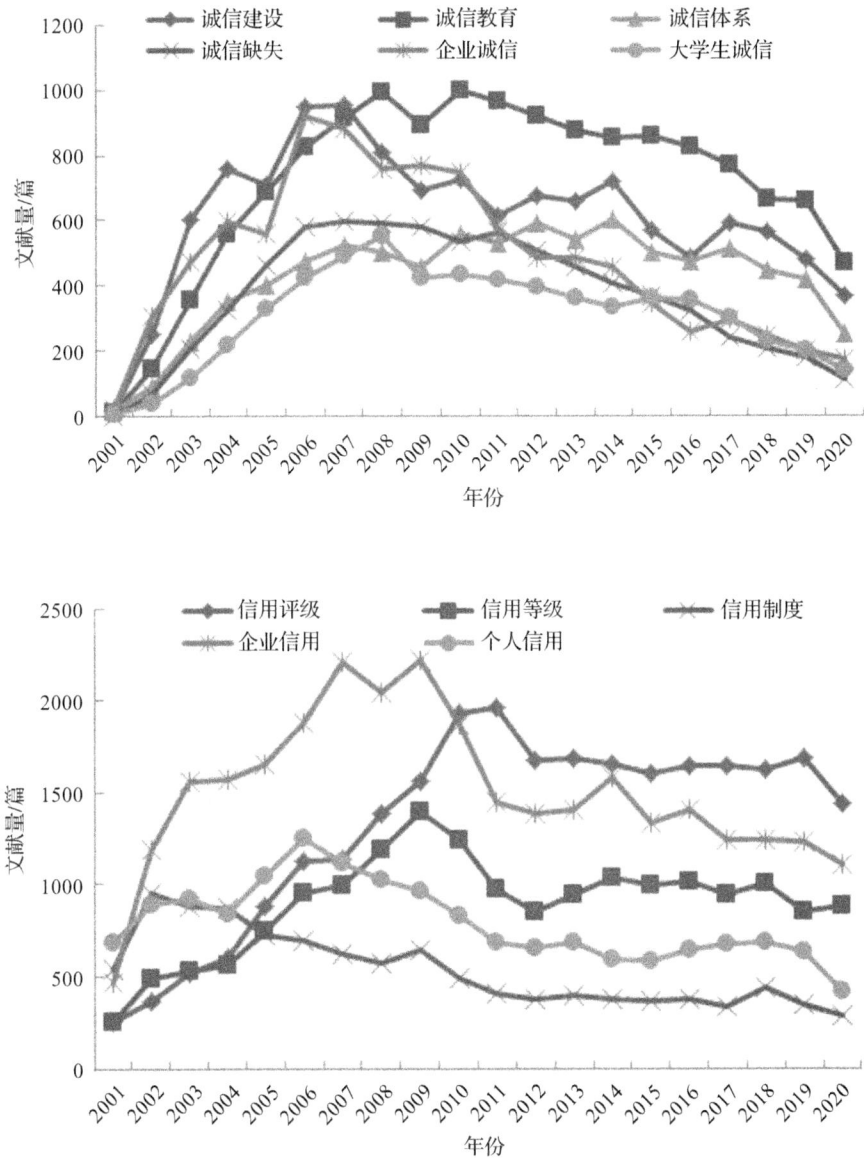

图 1-12 2001—2020 年文献发表数量在第一轮建设

周期出现波峰后呈下降趋势的主题词

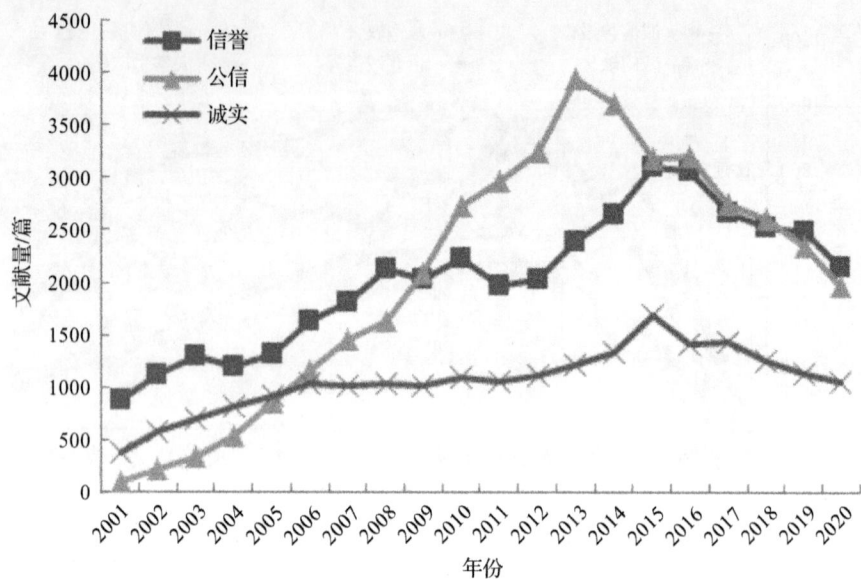

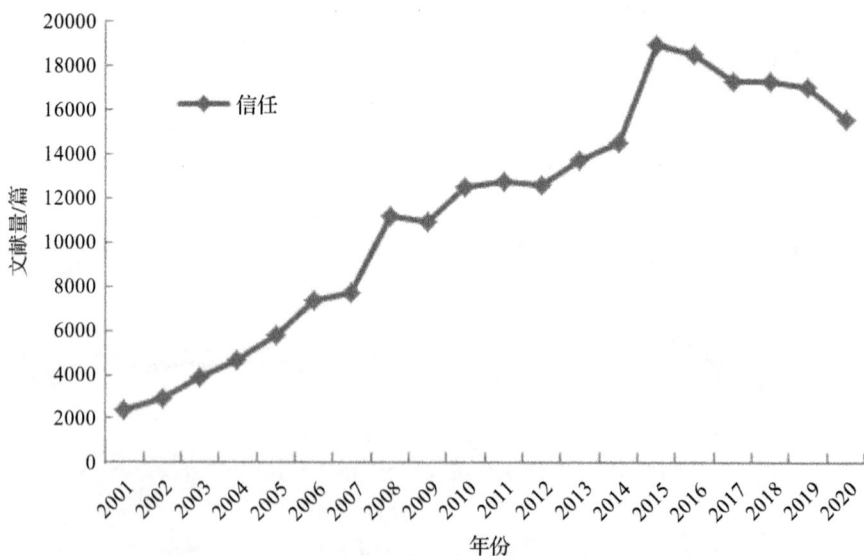

图 1-13　2001—2020 年文献发表数量在第二轮建设
周期出现波峰后呈下降趋势的主题词

四、词频共现矩阵

我们重点围绕"信用""诚信""公信""信用风险""信用体系""信用评价"6个主题词的词频共现矩阵来展开分析。

（一）主题词"信用"的共现矩阵

通过对主题词"信用"的词频共现分析（见图1－14）来看，"中小企业融资"和"中小企业"共现频次最高，为2986次。

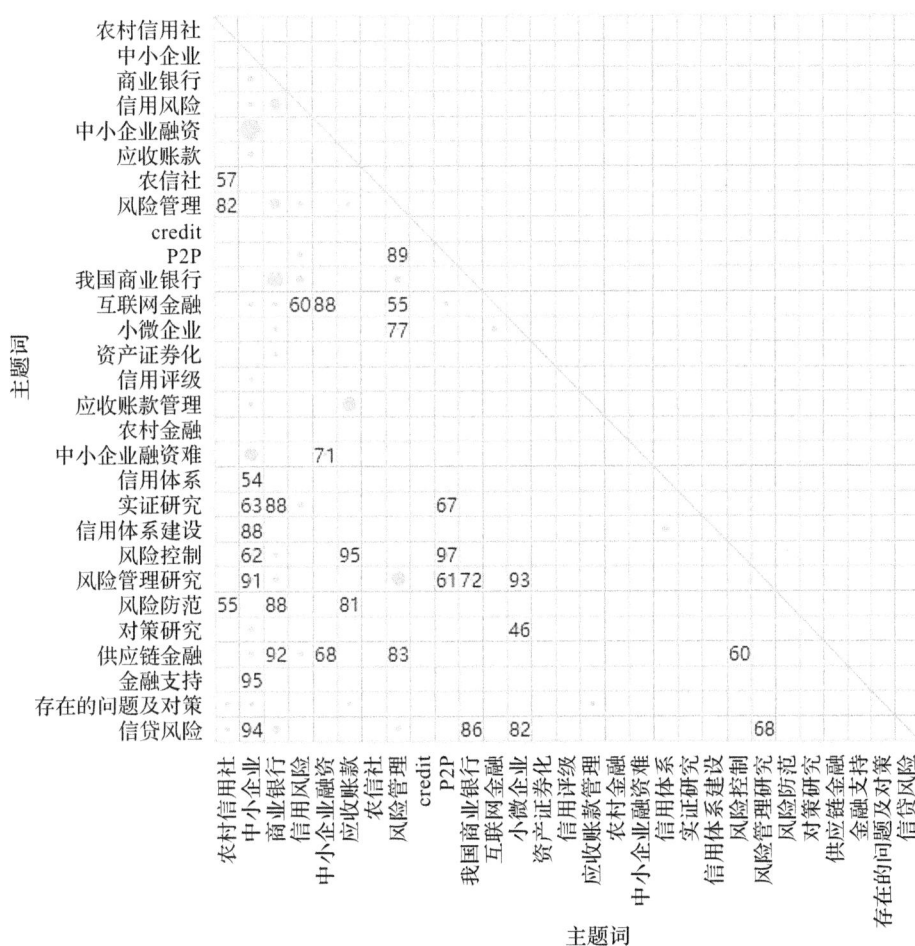

图中主题词（纵轴）及共现频次：

- 农信社　57
- 风险管理　82
- P2P　89
- 互联网金融　60　88　55
- 小微企业　77
- 中小企业融资难　71
- 信用体系　54
- 实证研究　63　88　67
- 信用体系建设　88
- 风险控制　62　95　97
- 风险管理研究　91　61　72　93
- 风险防范　55　88　81
- 对策研究　46
- 供应链金融　92　68　83　60
- 金融支持　95
- 信贷风险　94　86　82　68

横轴主题词：农村信用社、中小企业、商业银行、中小企业融资、应收账款、农信社、风险管理、credit、P2P、我国商业银行、互联网金融、小微企业、资产证券化、信用评级、应收账款管理、农村金融、中小企业融资难、信用体系、实证研究、信用体系建设、风险控制、风险管理研究、风险防范、对策研究、供应链金融、金融支持、存在的问题及对策、信贷风险

图1－14　中国知网主题词"信用"的共现矩阵

（截至2021年8月15日）

（二）主题词"诚信"的共现矩阵

通过对主题词"诚信"的词频共现分析（见图1-15）来看，"大学生诚信教育"和"诚信教育"共现频次最高，为995次。

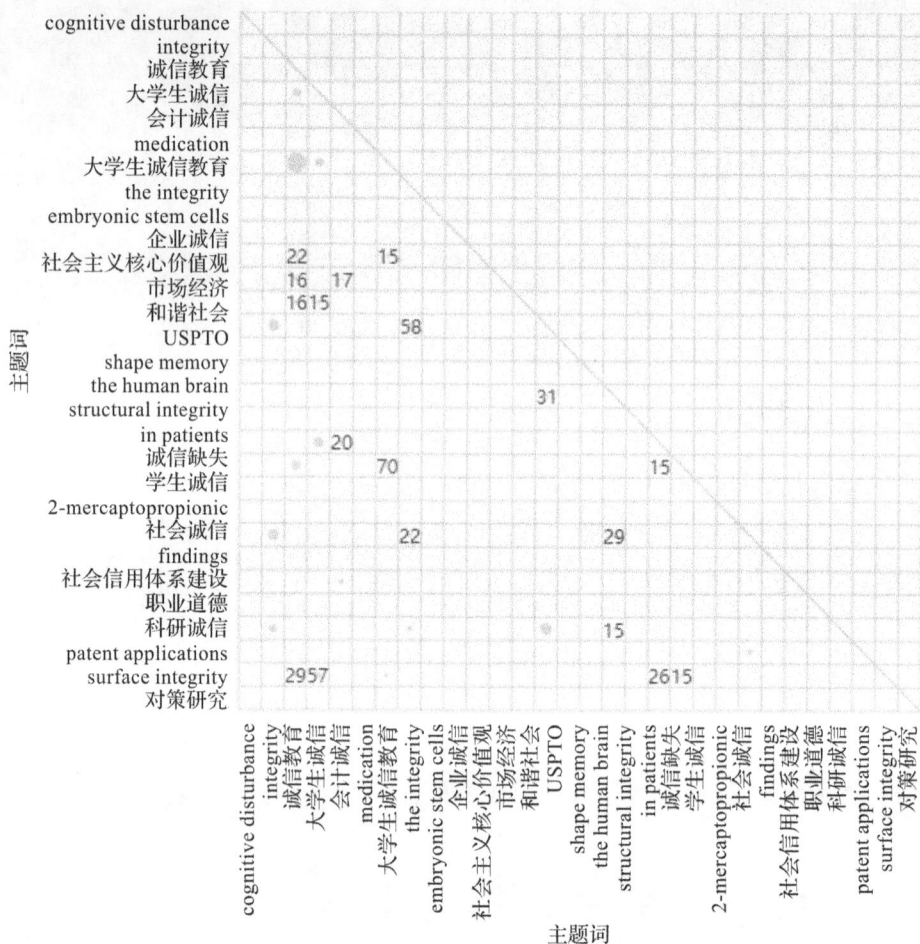

图1-15 中国知网主题词"诚信"的共现矩阵

（截至2021年8月15日）

（三）主题词"公信"的共现矩阵

通过对主题词"公信"的词频共现分析（见图1-16）来看，"政府公信力"和"公信力"共现频次最高，为191次。

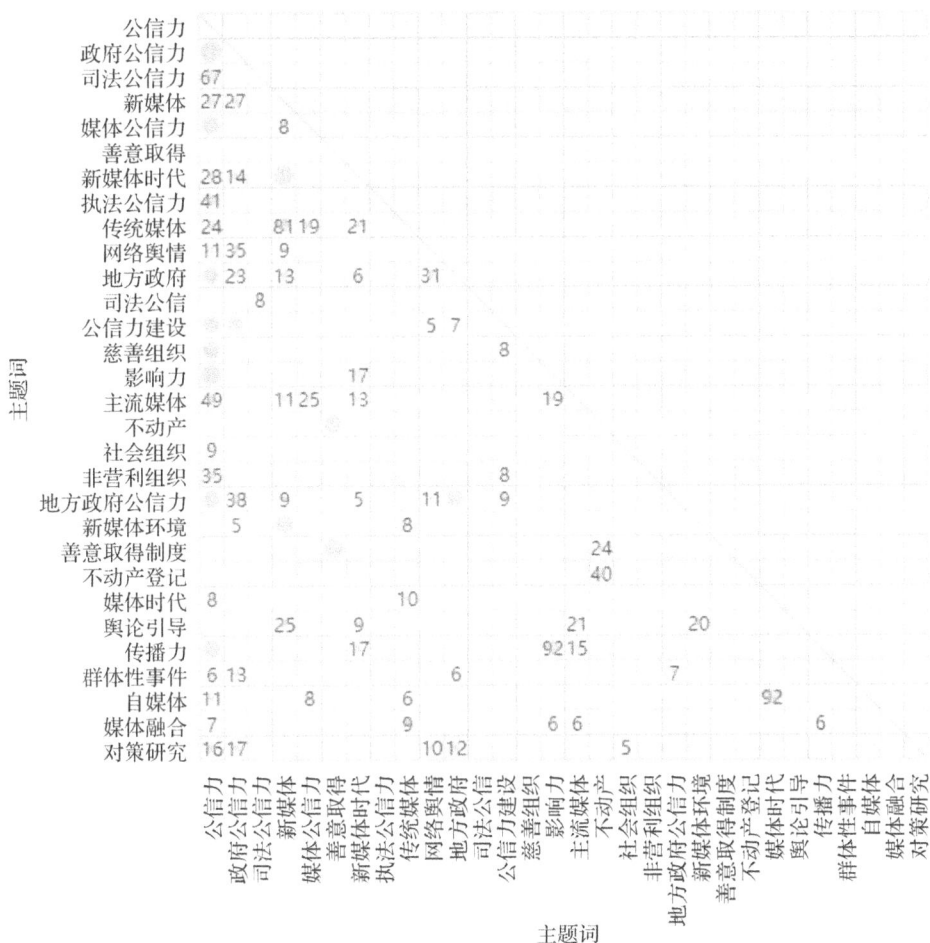

图 1-16　中国知网主题词"公信"的共现矩阵(截至 2021 年 8 月 15 日)

（四）主题词"信用风险"的共现矩阵

通过对主题词"信用风险"的词频共现分析(见图 1-17)来看,"我国商业银行"和"商业银行"共现频次最高,为 1239 次;其次为"风险管理研究"和"风险管理",共现 1028 次;再次为"商业银行"与"信用风险",共现 844 次。

（五）主题词"信用体系"的共现矩阵

通过对主题词"信用体系"的词频共现分析(见图 1-18)来看,"中小企业融资"和"中小企业"共现频次最高,为 336 次;其次为"中小企业信用担保体系"和"中小企业",共现 301 次;最后为"信用体系建设"与"信用体系",共现 298 次。

图中为共现矩阵，纵轴与横轴主题词相同，列表如下（数值按各行自左至右读出）：

主题词（行）	共现数值
信用风险	
商业银行	
风险管理	
我国商业银行	
风险管理研究	64
信用风险管理	
中小企业	9496　6730
P2P	59
商业银行信用风险	77
风险控制	2195　25　51
供应链金融	7084　18　2185　59
信贷风险	5939　64　28
互联网金融	6730
风险防范	70　19　25
实证研究	82　1735
credit risk	
信用评级	17　30
KMV	35　26　33　69
信用风险评估	3657　36　16
debt refinance	
操作风险	
KMV模型	35　20　34　60
信贷风险管理	66　2071　36
应收账款	32　19
风险分析	16
信用风险评价	16　18　75
信用风险度量	26　33　18　30
供应链	2525　59　32
资产证券化	2024
金融风险	15　24

横轴主题词（自左至右）：信用风险、商业银行、风险管理、我国商业银行、风险管理研究、信用风险管理、中小企业、P2P、商业银行信用风险、风险控制、供应链金融、信贷风险、互联网金融、风险防范、实证研究、credit risk、信用评级、KMV、信用风险评估、debt refinance、操作风险、KMV模型、信贷风险管理、应收账款、风险分析、信用风险评价、信用风险度量、供应链、资产证券化、金融风险

主题词

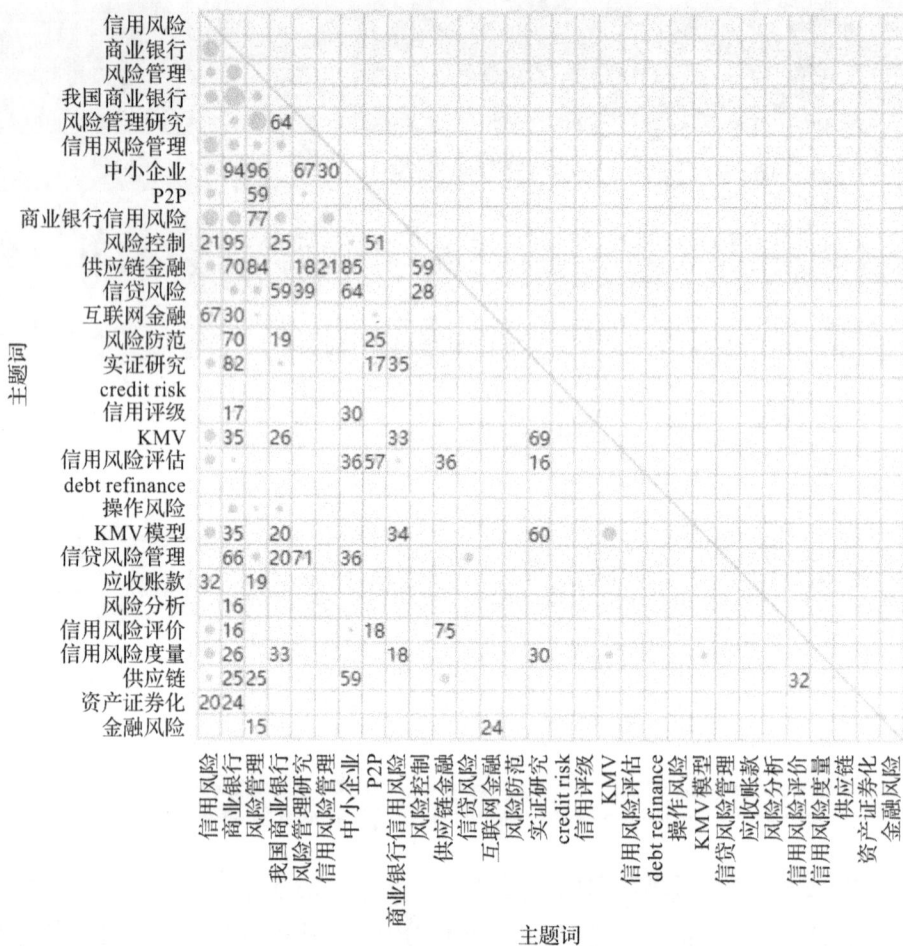

图1-17　中国知网主题词"信用风险"的共现矩阵

（截至2021年8月15日）

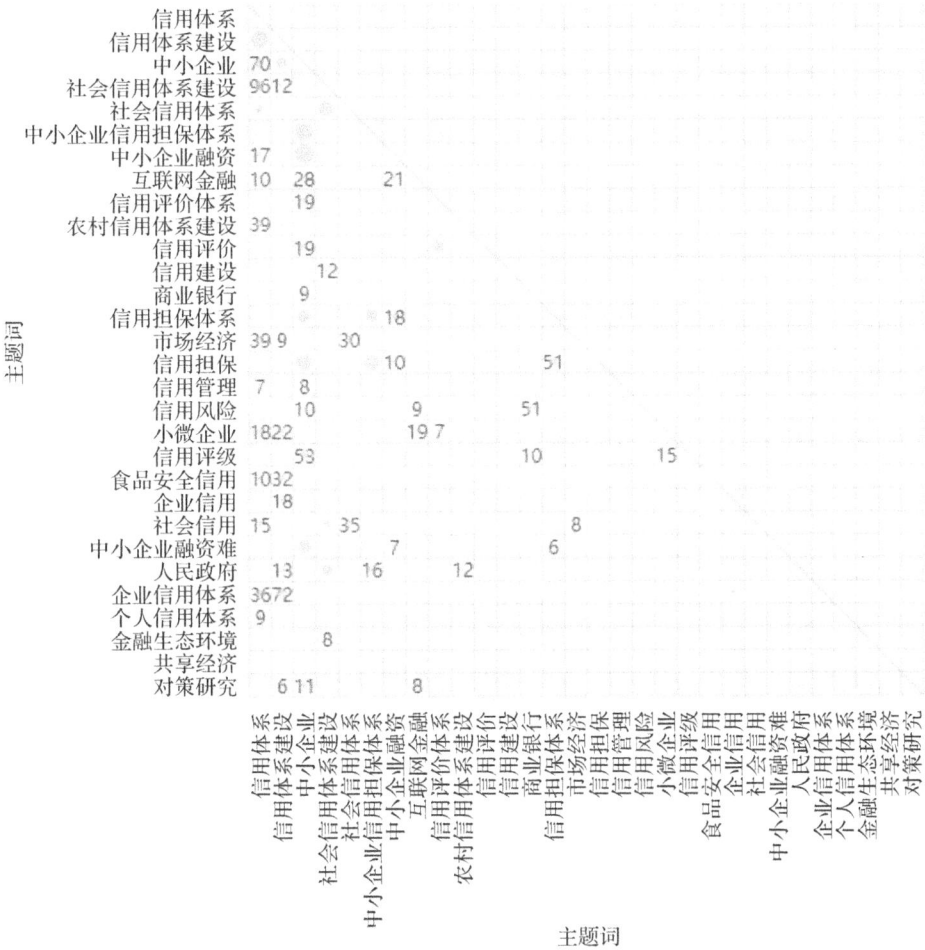

主题词

主题词		
信用体系		
信用体系建设		
中小企业	70	
社会信用体系建设	9612	
社会信用体系		
中小企业信用担保体系		
中小企业融资	17	
互联网金融	10　28	21
信用评价体系	19	
农村信用体系建设	39	
信用评价	19	
信用建设	12	
商业银行	9	
信用担保体系	18	
市场经济	39　9　30	
信用担保	10	51
信用管理	7　8	
信用风险	10　9	51
小微企业	1822　19 7	
信用评级	53	10　15
食品安全信用	1032	
企业信用	18	
社会信用	15　35	
中小企业融资难	7	6
人民政府	13　16　12	
企业信用体系	3672	
个人信用体系	9	
金融生态环境	8	
共享经济		
对策研究	6　11　8	

列主题词：信用体系　信用体系建设　中小企业　社会信用体系建设　社会信用体系　中小企业信用担保体系　中小企业融资　互联网金融　信用评价体系　农村信用体系建设　信用评价　信用建设　商业银行　信用担保体系　市场经济　信用担保　信用管理　信用风险　小微企业　信用评级　食品安全信用　企业信用　社会信用　中小企业融资难　人民政府　企业信用体系　个人信用体系　金融生态环境　共享经济　对策研究

主题词

图 1-18　中国知网主题词"信用体系"的共现矩阵

（截至 2021 年 8 月 15 日）

（六）主题词"信用评价"的共现矩阵

通过对主题词"信用评价"的词频共现分析（见图1-19）来看，"信用风险评价"和"信用风险"共现频次最高，为269次；其次为"信用评价体系"和"信用评价"，共现114次；最后为"企业信用评价"与"信用评价"，共现103次。

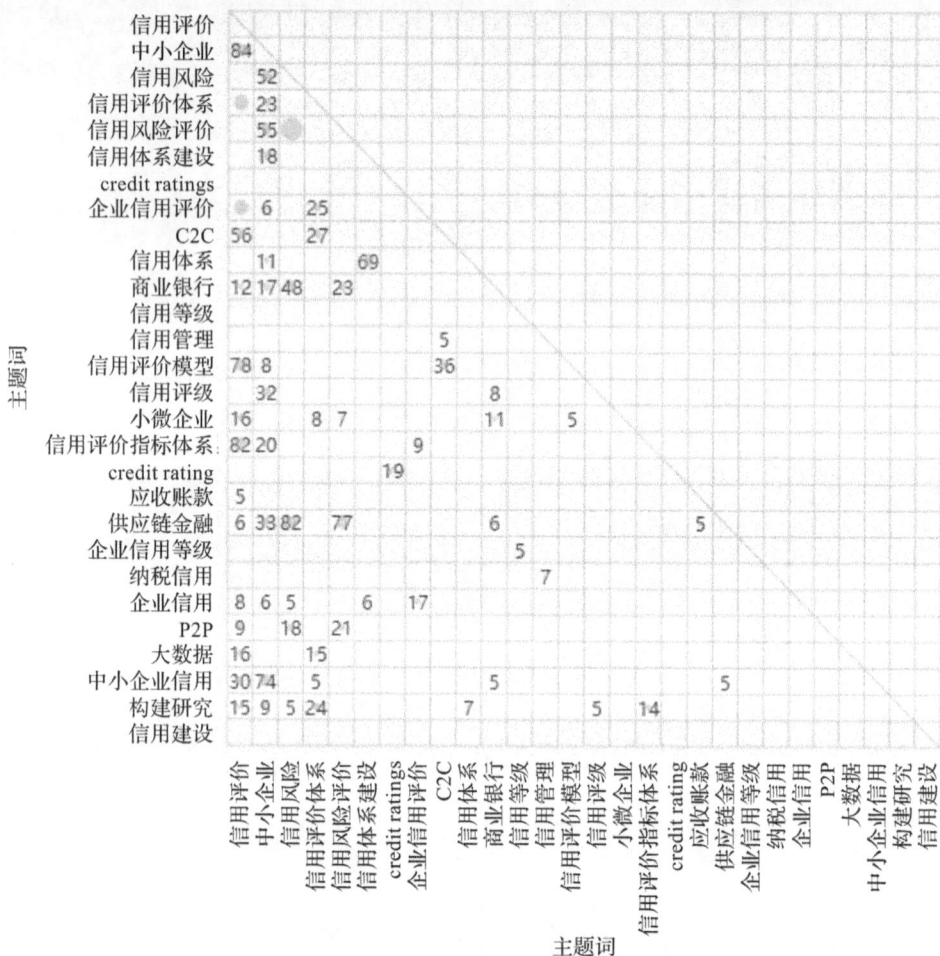

主题词	信用评价	中小企业	信用风险	信用评价体系	信用风险评价	credit ratings	企业信用评价	C2C	信用体系	商业银行	信用等级	信用管理	信用评价模型	信用评级	小微企业	信用评价指标体系	credit rating	应收账款	供应链金融	企业信用等级	纳税信用	企业信用	P2P	大数据	中小企业信用	构建研究	信用建设
信用评价																											
中小企业	84																										
信用风险	52																										
信用评价体系	23																										
信用风险评价	55																										
信用体系建设	18																										
credit ratings																											
企业信用评价	6		25																								
C2C	56		27																								
信用体系			11			69																					
商业银行	12	17	48	23																							
信用等级																											
信用管理								5																			
信用评价模型	78	8						36																			
信用评级		32								8																	
小微企业	16			8	7					11		5															
信用评价指标体系	82	20					9																				
credit rating						19																					
应收账款	5																										
供应链金融	6	33	82		77					6						5											
企业信用等级													5														
纳税信用														7													
企业信用	8	6	5			6		17																			
P2P	9		18	21																							
大数据	16		15																								
中小企业信用	30	74		5																			5				
构建研究	15	9	5	24					7			5		14													
信用建设																											

图1-19　中国知网主题词"信用评价"的共现矩阵

（截至2021年8月15日）

五、年度交叉统计

考虑到篇幅，我们仅对"信用体系""社会信用""征信""失信""信用评价"5个主题词进行年度交叉统计。

（一）主题词"信用体系"的年度交叉统计

2017—2021年，主题词"信用体系"的年度交叉统计情况见表1-2。从研究主题分布来看，主要涉及"社会信用体系建设""信用体系""信用体系建设""互联网金融""中小企业""共享经济""社会信用体系""信用监管""区块链"9大主题。

表1-2　中国知网主题词"信用体系"的年度交叉统计情况　（单位：篇）

主题	2021年	2020年	2019年	2018年	2017年
社会信用体系建设	40	93	112	119	145
信用体系	21	69	111	104	91
信用体系建设	18	81	113	94	134
互联网金融	—	—	61	70	89
中小企业	—	40	—	—	74
共享经济	—	—	60	90	
社会信用体系	25	—	—	—	—
信用监管	17	—	—	—	—
区块链	—	45	—	—	

注：截至2021年8月15日，下同。

（二）主题词"社会信用"的年度交叉统计

2017—2021年，主题词"社会信用"的年度交叉统计情况见表1-3。从研究主题分布来看，主要涉及"社会信用体系建设""社会信用体系""社会信用""信用体系建设""信用监管""营商环境""信用体系""人民政府""联合惩戒""信用建设"10大主题。

表1-3　中国知网主题词"社会信用"的年度交叉统计情况　（单位：篇）

主题	2021年	2020年	2019年	2018年	2017年
社会信用体系建设	39	88	116	121	152
社会信用体系	25	35	51	43	—
社会信用	19	29	—	39	44
信用体系建设	—	19	43	41	54
信用监管	14	23	38	—	—

续表

主题	2021 年	2020 年	2019 年	2018 年	2017 年
营商环境	17	—	—	—	—
信用体系	—	—	36	—	—
人民政府	—	—	—	43	—
联合惩戒	—	—	—	—	37
信用建设	—	—	—	—	37

（三）主题词"征信"的年度交叉统计

2017—2021 年，主题词"征信"的年度交叉统计情况见表 1-4。从研究主题分布来看，主要涉及"互联网金融""P2P""小微企业""大数据""区块链""普惠金融""小微企业融资""区块链技术""个人征信""风险管理""商业银行""P2P 网络借贷"共 12 大主题。

表 1-4　中国知网主题词"征信"的年度交叉统计情况　　（单位：篇）

主题	2021 年	2020 年	2019 年	2018 年	2017 年
互联网金融	31	105	184	225	300
P2P	—	56	174	256	336
小微企业	23	—	83	—	80
大数据	19	—	—	90	77
区块链	28	57	—	—	—
普惠金融	—	55	79	—	—
小微企业融资	20	—	—	—	—
区块链技术	—	54	—	—	—
个人征信	—	—	70	—	—
风险管理	—	—	—	69	—
商业银商	—	—	—	62	—
P2P 网络借贷	—	—	—	—	75

（四）主题词"失信"的年度交叉统计

2017—2021 年，主题词"失信"的年度交叉统计情况见表 1-5。从研究主题分布来看,主要涉及"失信行为""社会信用体系建设""联合惩戒""信用监管""失信被执行人""人民政府""discredit""bad faith""严重违法""失信惩戒""信用修复"共 11 大主题。

表 1-5　国知网主题词"失信"的年度交叉统计情况　　　　　(单位:篇)

主题	2021 年	2020 年	2019 年	2018 年	2017 年
失信行为	4	44	49	68	53
社会信用体系建设	—	47	53	51	69
联合惩戒	—	34	61	82	93
信用监管	5	31	50	—	—
失信被执行人	—	—	—	54	63
人民政府	—	—	—	49	51
discred	10	—	—	—	—
bad faith	9	—	—	—	—
严重违法	6	—	—	—	—
失信惩戒	—	42	—	—	—
信用修复	—	—	55	—	—

(五)主题词"信用评价"的年度交叉统计

2017—2021 年,主题词"信用体系"的年度交叉统计情况见表1-6。从研究主题分布来看,主要涉及"信用评价""信用风险评价""信用风险""信用评价体系""credit ratings""纳税信用""中小企业""人民政府""rating""P2P""信用体系建设"共 11 大主题。

表 1-6　国知网主题词"信用评价"的年度交叉统计情况　　　　(单位:篇)

主题	2021 年	2020 年	2019 年	2018 年	2017 年
信用评价	10	71	107	109	120
信用风险评价	5	30	41	50	—
信用风险	—	30	47	45	—
信用评价体系	—	—	39	34	37
credit ratings	13	69	—	—	—

续表

主题	2021 年	2020 年	2019 年	2018 年	2017 年
纳税信用	—	34	33	—	—
中小企业	—	—	—	44	37
人民政府	7	—	—	—	—
rating	5	—	—	—	—
P2P	—	—	—	—	38
信用体系建设	—	—	—	—	34

六、文献来源分布

考虑到篇幅,我们仅对表 1-1 中检索量最大的 3 个主题词,即"信用""诚信""信任"做文献来源分布的统计。

(一)主题词"信用"的文献来源分布

截至 2021 年 8 月 15 日,主题词"信用"的文献来源,排名前 10 的依次为《金融时报》《中国农村金融》《时代金融》《中华合作时报》《商场现代化》《西南财经大学学校》《征信》《现代经济信息》《金融经济》《现代商业》。

(二)主题词"诚信"的文献来源分布

截至 2021 年 8 月 15 日,主题词"诚信"的文献来源,排名前 10 的依次为 *PLOS ONE*、*Journal of Biological Chemistry*、*Proceedings of the National Academy of Sciences of the United States of America*、*Science Letter*、*Journal of Engineering*、《商场现代化》、*Advanced Materials Research*、《中国价格监管与反垄断》、*Theriogenology*、*The Federal Register/FIND*。其中,排名前 10 的中文文献分别为《商场现代化》《中国价格监管与反垄断》《中国信息报》《中国企业报》《法制与社会》《中国旅游报》《企业家日报》《光明日报》《现代商业》《才智》。

(三)主题词"信任"的文献来源分布

截至 2021 年 8 月 15 日,主题词"信用"的文献来源,排名前 10 的依次为 *Nursing Standard*、*Energy Weekly News*、*Journal of Engineering*、*Science Letter*、*BMJ：British Medical Journal*、*Computers*、*The Federal Register/*

FIND、*Computer Weekly News*、*Information Technology Newsweekly*、《浙江大学学报》。其中,排名前 10 的中文文献分别为《浙江大学学报》《吉林大学学报》《华中科技大学学报》《北京邮电大学学报》《山东大学学报》《商业经济研究》《电子科技大学学报》《大连理工大学学报》《商场现代化》《西安电子科技大学学报》。

第二节　国内相关研究梳理

本书对国内百余篇社会信用评价文献,从其评价对象、评价目的、评价体系构建、评价指标设计、评价方法与实证应用等方面做了系统梳理,概括了三个层面八个方面取得的成果,即宏观层面的社会信用环境评价、社会信用体系建设评价;中观层面的政务诚信评价、司法公信评价、金融生态环境评价、营商环境评价;微观层面的典型行业企业诚信评价、重点人群职业诚信评价。

一、宏观层面

(一)社会信用环境评价

社会信用环境评价,也可称为诚信环境评价,是对包括各类信用主体及其赖以依存的外部条件在内的全部信用生态要素及相互关系的评价。社会信用环境评价的目的在于通过对社会整体诚信意识和信用水平(包括信用环境优劣)的科学评估,为准确研判社会信用状况、合理制定政策提供科学依据。

表 1-7 对 2006 年以来国内有关社会信用环境评价的主要文献进行了梳理。其中,既有对一个国家整体信用环境的评价,也有对部分区域或个别省、市信用环境的评价;既有对国家间、地区间信用环境现状的横向对比,也有对同一对象不同时期信用环境发展的纵向比较;既有理论探讨,也有实证研究。

表 1-7　社会信用环境评价主要文献成果

文献序号	文献名称	作者
1	区域信用环境评价及相关问题研究	秦振强等,2006
2	基于 AHP 和因子分析的地区信用环境指标体系构建的实证研究	宋健,2006

续表

文献序号	文献名称	作者
3	我国信用环境与现代服务业耦合关系的定量研究	田侃等,2010
4	中国信用环境评价——基于2006—2010年的省际数据	姚小义等,2013
5	地区信用环境评价指标体系的探索和思考	郝嵘等,2014
6	开展区域信用环境评价,推动地方信用体系建设	张弢,2015
7	基于因子分析的陕西省区域信用环境评价研究	张原等,2015
8	区域信用环境评价指标体系研究——以陕西省为例	张原,2015
9	城市综合社会信用环境评价及其应用研究	刘成,2016
10	基于熵权-TOPSIS的省域诚信环境动态综合评估——基于2009—2013年的样本研究	朱建军等,2016
11	山东省社会信用环境的评价与大数据探究	解恒鑫,2016
12	世界典型国家诚信环境的综合评价分析——基于12个国家2009—2013年时间序列数据	张明等,2016
13	国家中心城市信用环境质量评价——以郑州市信用环境建设为例	郭国峰等,2019
14	基于因子分析的京津冀社会信用环境评价研究	叶陈毅等,2019

在社会信用环境评价体系构建思路(见表1-8)上,现有文献基本分为两种:一是从信用环境的内涵和影响因素入手,将影响社会信用环境的因素划分为政治、经济、金融、人文、社会、制度等多个因素,然后基于各影响因素遴选出具体的评价指标,实施评价(秦振强等,2006;田侃等,2010;张原等,2015;解恒鑫,2016;张明等,2016;郭国峰等,2019;叶陈毅等,2019)。二是从信用环境的构成入手,将信用环境分为经济、金融、社会、政治、法律、人文等若干环境子系统(姚小义等,2013;刘成,2016;朱建军等,2016),或者分为政务、商务、社会、司法等若干构成领域(张弢,2015),或者分为政府、企业、个人等若干构成主体(宋健,2006),或者多种构成兼而有之(郝嵘等,2014;张原等,2015)。

表1-8 主要文献中关于社会信用环境的评价指标体系

文献序号	指标体系构成	设计思路
1	经济发展水平、金融发展水平、征信体系建设、政府信用水平、企业信用水平、信用法律环境、信用文化环境	影响因素

文献序号	指标体系构成	设计思路
2	个人信用状况、企业信用状况、政府信用状况	构成主体
3	经济环境、文化环境、制度环境、信息环境、交易成本、企业效益、信用规模、信用管理、对外开放	影响因素
4	经济环境、金融环境、行政运行环境、信息技术环境、文化教育环境	构成体系
5	信用融资环境、法制环境、信用教育水平、信用主体水平(政府、企业、个人)、信用中介发展状况、公共征信系统建设水平和信用市场水平	构成体系＋主体
6	区域经济、政务诚信、金融体系、商务诚信、社会诚信、司法公信	构成领域
7	经济发展水平、金融发展水平、受教育水平、通信发展、企业发展、城镇化水平、交通设施	影响因素
8	宏观外部信用环境(经济环境、金融环境、教育环境、信息环境)、微观信用主体环境(政府信用、企业信用、个人信用)	构成体系＋主体
9	社会信用环境、市场信用环境、政府信用环境	构成体系
10	社会环境、政治环境、经济环境、金融环境	构成体系
11	经济因素、政治及社会因素、文化因素	影响因素
12	社会因素、政治因素、经济因素、金融因素	影响因素
13	经济因素、科技教育因素、旅游因素、金融因素、政府因素、法治因素	影响因素
14	区域经济、金融体系、文化教育、信息技术、行政管理	影响因素

从评价方法和实证应用情况来看,主要以 AHP、因子分析、主成分分析、TOPSIS 等定量统计评价方法为主;实证类文献较多,从横向的跨区域评价,到纵向的跨周期评价,均进行了较为充分的研究;在实证数据来源上,以官方统计部门数据为主,部分文献使用了调查数据、部门数据、第三方数据、政府报告、政府网站公开信息等(见表 1-9)。

表 1-9　主要文献中关于社会信用环境的评价方法与实证应用

文献序号	实证情况	数据来源	评价方法
1	2004 年福建省及下辖 9 个地市	年鉴数据为主,部门数据、调查数据、第三方数据为辅	线性加权法

续表

文献序号	实证情况	数据来源	评价方法
2	2003 年上海、深圳、北京、广州、天津	年鉴数据、德尔菲专家调查数据	AHP 法、因子分析法
3	1995—2005 年全国	年鉴数据为主，第三方报告数据为辅	主成分分析法
4	2006—2010 年全国 31 个省（区、市）	年鉴数据	主成分分析法
5	无实证		
6	2014 年鞍山市 8 个区（县、市）、经济区	年鉴数据、主观打分数据	主观信用评分模型
7	2008—2010 年陕西省	年鉴数据	因子分析法
8	2010 年陕西省	年鉴数据	因子分析法
9	2011—2016 年北京等 22 个城市	年鉴数据、政府工作报告、政府门户网站公开信息	AHP 法、因子分析法
10	2009—2013 年全国 31 个省（区、市）	年鉴数据	熵权-TOPSIS 法
11	2013 年山东省 17 个地市	年鉴数据	AHP 法、因子分析法
12	2009—2013 年 12 个国家	年鉴数据	纵横向拉开档次法
13	2018 年国内 9 个城市	年鉴数据、政府工作报告	因子分析法
14	2016 年京津冀地区 11 个地市	年鉴数据、政府门户网站公开信息	因子分析法

（二）社会信用体系建设评价

《纲要》明确提出要把社会信用体系建设工作作为目标责任考核和政绩考核的重要内容。社会信用体系建设评价可以为科学考核提供客观依据，成为社会信用评价中一个备受关注的研究焦点。

社会信用体系建设评价的相关研究大致可分为三类：一是社会信用体系建设水平评价（石晓军等，2006；郭清香等，2007；康英，2012；王宁江等，2013；吴晶妹，2013；孙良泉等，2018），这是对当前时间节点上社会信用体系建设现状的评估；二是社会信用体系建设监测评价（汪军，2013；杨柳，2014；孟祥岩，2017），这是对社会信用体系建设进程的实时动态跟踪评估；三是社会信用体系建设成效评价(杜宜君,2019),这是对一段时期内社会信用体系建设目标任务完成质量的评估。

表1-10对2006年以来国内有关社会信用体系建设评价的主要文献进行了梳理。

表1-10 社会信用体系建设评价主要文献成果

文献序号	文献名称	作者
1	国家信用体系的多维指数方法及实证研究	石晓军等,2006
2	社会信用评价指标体系基本问题研究	郭清香等,2007
3	基于AHP方法的社会信用体系评价研究	康英,2012
4	社会信用体系建设绩效的综合评估研究——以"十一五"期间上海市为例	汪军,2013
5	地区信用水平的科学测度——地区信用水平评价指标体系研究	王宁江等,2013
6	社会信用体系建设成效的评价指标体系研究	杨柳,2014
7	北京市城市信用体系建设问题研究	孟祥岩,2017
8	社会信用体系建设示范城市评审指标(2017年)	国家发改委等,2017
9	大数据背景下济南市社会信用指标体系构建问题研究	孙良泉等,2018
10	我国城市信用体系建设监测指标研究——基于第三方信用服务机构视角	杜宜君,2019
11	中国城市信用状况监测评价报告(2019)	中经网,2019
12	三维信用论	吴晶妹,2013

从评价体系设计思路来看,又可分为三种:一是围绕当前社会信用体系建设的重点工作内容,如中经网(2019)从守信激励和失信治理、信用制度和基础建设、诚信文化和诚信建设、信用服务和信用创新、信用环境和营商环境五个方面实施城市信用状况监测;二是围绕建设的重点领域或重点主体,如孟祥岩(2017)从政务、商务、社会、司法四大领域,杨柳(2014)从政府、企业、个人三大主体来构建社会信用体系建设成效的评价指标体系;三是围绕社会信用体系的重要维度,如石晓军等(2006)提出从结构维度、信息内容维度、规则维度、功能维度,吴晶妹(2013)提出从诚信度、合规度、践约度来构建评价指标体系(见表1-11)。

表 1-11　主要文献中关于社会信用体系建设的评价指标体系

文献序号	指标体系构成	评价分类	设计思路
1	结构维度、信息内容维度、规则维度、功能维度	水平评价	重要维度
2	政府信用、市场交易信用、新闻媒体信用、公共服务部门信用以及社会风气	水平评价	重点领域
3	信用法规和政策体系(政府规章及政策性文件、信用法规、行业自律规范、团体公约)、信用中介服务与监督体系(中介机构的体制类型、中介机构的数量、中介机构的规模、信用产品与业务、社会的认可度、政府监督的力度)、信用技术支持体系(信用数据的数量、征信数据指标的标准化、信用数据的更新速度、评估指标的选取、信用评估模型)、守信奖励和失信惩罚体系、信用文化体系	水平评价	重点工作
4	社会信用制度建设(政府制定规范、规划、标准的数目,信用信息的共享与使用要求,信用制度建设方面的研究数)、信用服务体系建设(信用服务的征信机构数、信用服务机构的从业人数、个人信用联合征信系统入库人数)、社会诚信创建活动(提供个人信用报告的份数、征信服务业的营业收入、社会诚信创建活动次数、区域联合和合作交流)等	绩效评价	重点工作
5	宏观信用环境评价(经济发展、法治监管、文化教育、信息传播)、微观信用主体评价(政府信用、企业信用、个人信用)	水平评价	重点领域+重要主体
6	社会信用体系建设(信用管理、信用服务、信用教育)、社会信用水平(政府信用、企业信用、个人信用、当地信用概况)	绩效评价	重点工作+重要主体
7	政务信用(基本素质、自身信用能力、经济践约能力)、商务信用(企业素质、经营信用、流通信用)、社会信用(社会治安、金融环境、科教文卫、交通出行)、司法信用(司法活动、司法人员)	绩效评价	重点领域
8	贯彻落实习近平总书记重要指示和党中央国务院重要文件精神、诚信文化建设与失信专项治理、政务诚信建设、商务诚信建设、社会诚信建设、司法公信建设、金融生态环境建设、公共信用信息共建共享、公共信用信息和产品应用、构建以信用为核心的新型监管机制、工作保障和推进落实措施、探索创新和突出贡献(附加项)	绩效评价	重点工作
9	社会信用制度和基础建设、守信激励和失信治理、信用表现、信用服务和应用、信用环境	水平评价	重点工作

文献序号	指标体系构成	评价分类	设计思路
10	信用制度完善程度（政务、商务、社会、司法）、信用工作绩效（政务、商务、社会、司法）、信用信息公开透明度、信用信息及信用产品应用情况、信用事件监测、重大信用事件政府反馈效率、联合惩戒、信用创新	监测评价	重点工作
11	守信激励和失信治理、信用制度和基础建设、诚信文化和诚信建设、信用服务和信用创新、信用环境和营商环境	监测评价	重点工作
12	诚信度、合规度、践约度	水平评价	重要维度

从评价方法和实证应用情况来看，评价方法以线性加权法、TOPSIS、AHP、灰靶决策、因子分析、主成分分析、TT 指数等定量统计方法为主；实证数据除官方统计数据、调查数据等之外，对信用工作考核数据、公共信用信息数据等有更高要求；在评价结果应用层面，目前中经网的城市信用监测评价最具代表性和影响力（见表 1－12）。

表 1－12　主要文献中关于社会信用体系建设的评价方法与实证应用

文献序号	实证情况	数据来源	评价方法
1	34 个国家	世界银行调研数据	多维 TT 指数模型
2	无实证		
3	全国	问卷调查数据	AHP 法
4	2006—2010 年上海	公开数据	灰靶决策
5	无实证		
6	国内 10 个省（区、市）	问卷调查数据	因子分析、主成分分析等
7	2000—2015 年北京	年鉴数据、政府门户网站公开信息	TOPSIS
8	2017—2020 年全国各大城市	全国信用示范城市评估工作考核数据	评分模型
9	无实证		
10	2017 年杭州	信用中国网站、信用浙江网站、信用杭州网站、裁判文书网、国家信访局、国家统计局	线性加权模型
11	2015—2020 年全国 661 个城市	互联网数据、信用信息共享平台、第三方信用服务机构、统计数据和调查数据、城市归集共享数据	线性加权模型
12	无实证		

二、中观层面

(一)政务诚信评价

政务诚信是社会信用体系建设的关键,起表率和导向的作用,也是学术研究的重中之重。政务诚信评价,学术界也有称之为政府诚信评价(张存如,2008;李爱华等,2012;杨秋菊等,2013)、政府公信力评价(张俊东,2004;唐铁汉,2005;舒小庆,2008)或政府信用评价(陈潮升等,2006;范柏乃等,2012;范新安,2015;吴晶妹等,2018;王昊等,2019)的,其实这四者间还是有区别的。首先,政务诚信评价与政府诚信评价略有区别:政府诚信强调的是政府主体及其政务活动的诚信,政府部门的活动一定属于政务活动,因此,政府诚信一定属于政务诚信。而政务诚信的范围要广泛一些,如一些社会组织提供的社会公共服务也属于政务活动范畴,但并不一定由政府部门提供。因此,政务诚信包括政府诚信,政务诚信评价范围大于政府诚信评价。其次,政府诚信评价与政府公信力评价、政府信用评价在评价侧重上也略有差异:政府诚信评价更突出诚信度,包含更多反映政府和公职人员诚实守信的指标;政府公信力评价更突出合规度,包含更多反映政府部门依法行政的指标;政府信用评价更突出践约度,包含更多反映政府履约践诺能力的经济指标。尽管它们相互之间存在区别,但从国内学术界有关上述四种评价体系的比较来看,区分度并不明显,因此本书将政务诚信评价、政府诚信评价、政府公信力评价、政府信用评价这四种评价统一归类为政务诚信评价,同时将其区别于政府信用评级,因为后者评价的核心是政府信用违约风险,主要服务于金融市场,并不在此次综述的范围内。

表 1-13 对 2004 年以来国内有关政务诚信评价的主要文献进行了梳理。

表 1-13 政务诚信评价主要文献成果

文献序号	文献名称	作者
1	地方政府公信力评估问题研究	张俊东,2004
2	提高政府公信力 建设信用政府	唐铁汉,2005
3	政府公信力:价值、指标体系及其实现途径——兼论我国诚信政府建设	舒小庆,2008
4	政府诚信及评价指标研究	张存如,2008
5	地方政府诚信评价指标体系的构建	李爱华等,2012

文献序号	文献名称	作者
6	政府诚信的评价与建设	杨秋菊等，2013
7	地方政府信用影响因素及影响机理研究——基于116个县级行政区域的调查	范柏乃等，2012
8	政府信用的评价标准、现状及对策探析	陈潮升等，2006
9	我国地方政府信用评估研究	范新安，2015
10	新时代的政府信用评价研究：一个全新视角的综述与展望——基于wu's三维信用论	吴晶妹等，2018
11	基于隐式马尔科夫算法的政府信用评估和预测	王昊等，2019
12	政务诚信的评价指标及其实证研究——以苏州某区行政服务中心为例	张思浜，2016
13	地方政府政务诚信评价指标体系的构建与完善	徐光超，2013
14	社会信用体系"领头羊"：政务诚信建设理论与实践	胡俊超，2020

　　从评价体系构建思路来看，主要有三种较为典型的做法：一是从政务诚信的内涵出发，例如杨秋菊等（2013）从理念诚信、制度诚信、行为诚信三个层面构建政府诚信评价体系；二是从政务诚信的结构维度构建出发，例如张存如（2008）从政府诚实、政府守信、公正公平、社会发展四个维度构建政府诚信评价体系，吴晶妹等（2018）从政府信用、政务诚信和政府信任三个维度构建政府信用评价体系；三是从政府信用的影响因素出发，例如舒小庆（2008）从政府行为的法治程度、政府政策的规范程度、政府的民主化程度、政府公务人员的道德感和廉洁程度、政府工作的公开程度五个因素构建影响政府公信力的评价体系，范柏乃等（2012）从公务员素质、信用文化、政府能力、制度环境四个方面对影响地方政府信用的因素进行实证研究。尽管评价体系建构视角有所差异，但无一例外都强调了公众满意度对政务诚信评价的重要性（见表1-14）。

表1-14　主要文献中关于政务诚信的评价指标体系

文献序号	指标体系构成
1	行政体制类（行政公开机制、行政决策机制、政府责任机制）、行政管理类（政策的系统与稳定性、行政执法的公平与公正、市场管理的规范性、政府承诺的履行和兑现、行政人员的道德品质）、实力和绩效（政府财力、地方经济发展）

续表

文献序号	指标体系构成
2	政府的诚信程度、政府的服务程度、政府依法行政的程度、政府的民主化程度
3	政府行为的法治程度、政府政策的规范程度、政府的民主化程度、政府公务人员的道德感和廉洁程度、政府工作的公开程度
4	政府诚实、政府守信、公正公平、社会发展
5	民意指标(诚实、守信、公正公平)、能力指标(执政能力)、效率指标(执政效率)
6	理念诚信、制度诚信、行为诚信
7	公务员素质、信用文化、政府能力、制度环境
8	依法行政的执行程度、公众参与决策等的民主化程度、政策执行的稳定程度、执行公务时表现出的道德水准及政府的服务程度
9	信息公开(信息实体的公开程度、行政程序的公开程度、行政结果的公开程度、决策过程的公开程度、年度工作业绩统计结果的可信度)、财务状况(资产负债率、现金流动负债比率、预算执行情况、固定资产使用情况、各项开支的合理性和合法性)、执行力(政策贯彻落实的时效性、政府领导人员兑现承诺的程度、行政问责与失信惩罚力度、工作检查秉公执法程度,以及政府采购、招标、公务员录用的信用程度)
10	政府信用、政务诚信、政府信任
11	政务诚信、商务诚信、社会诚信、司法公信
12	政府价值取向与执政形象(政府执政为民、政务活动节俭、公职人员清廉、公职人员职业素养)、政务活动的程序公平(政务信息公开程度、政务活动的公民参与、政务活动依法依规、政务活动的受监督程度)、政务活动的执行能力(政府部门及职位的权责划分公职人员的聘用解雇、政务活动的法规建设、公共政策的制定水平、公共政策的连续稳定、对错误政策的纠偏能力、公共危机处理能力、信访制度建设、行政诉讼法制建设、行政问责制度建设、国家赔偿制度建设)、政务活动的执行效果(社会稳定、社会公平、社会发展趋势、经济增长与发展、公共管理的效率、社会保障水平、个人生活质量的提升、对现有生活的满意度、家庭经济收支的安全感)
13	行政管理、经济发展、市场监管、社会管理、公共服务
14	依法行政、政务公开、勤政高效、守信践诺、失信惩戒

从评价方法和实证应用情况来看:第一,尽管相关研究成果很多,但由于评价对象的特殊性,大多数文献仅提出了理论评价体系,实证研究文献相对较少;第二,由于政务诚信活动量化难度大,定性评价指标居多,定量评价指标较少,评价的主观性较强;第三,评价的数据难以从公开信息中获取,主要依赖于问卷调查等民意调查;第四,此类评价往往用于上级政府部门对下级政府部门的考核,因此较多采用评分模型,只有少量文献采用了因子分析、马尔科夫模型等定量分析法(见表1-15)。

表1-15   主要文献中关于政务诚信的评价方法与实证应用

文献序号	实证情况	数据来源	评价方法
1	武穴、麻城	问卷调查数据	评分模型
2	无实证		
3	无实证		
4	未指定	问卷调查数据	因子分析
5	无实证		
6	国内6个城市和美国T市	问卷调查数据	评分模型
7	116个县级行政区域	问卷调查数据	回归分析、路径分析
8	无实证		
9	河南省Z市	问卷调查数据	评分模型
10	无实证		
11	苏州市	互联网数据、公共信息、第三方信用信息	马尔科夫模型
12	苏州某区行政服务中心	问卷调查数据	评分模型
13	无实证		
14	无实证		

(二)司法公信评价

司法公信是社会信用体系建设的重要内容。司法公信评价有广义和狭义之分,狭义的司法公信评价主要针对司法审判机关的公信力,广义的司法公信评价还包括检察机关、司法行政系统、司法执法和从业人员的公信力。目前学术研究主要聚焦于前者。从评价目的看,司法公信评价有助于法院认清司法公

从评价方法和实证应用情况（见表 1-18）来看,除少量文献借助问卷调查或法院内部案件质量评估结果对司法公信现状进行实证研究外,大多数文献仍停留在理论体系探讨层面。

表 1-18　主要文献中关于司法公信的评价方法与实证应用

文献序号	实证情况	数据来源	评价方法
1	四川省	问卷调查、网上调查、集体访谈	
2	无实证		综合记分法和功效系数综合评估法
3	余姚法院	问卷调查、深度访谈	评分模型
4	我国司法公信现状	法院部门数据、调查数据、第三方数据	
5	无实证		
6	无实证		
7	无实证		
8	无实证		
9	H省		评分模型
10	无实证		

（三）金融生态环境评价

金融生态可以概括为各种金融组织为了生存和发展,在与其生存环境及内部金融组织长期的密切联系和相互作用过程中,通过分工、合作所形成的具有一定结构特征、执行一定功能的动态平衡过程(徐诺金,2005)。金融的本质是信用,核心是风险。金融生态环境评价旨在评价信用环境现状及其成因,为制定改善区域金融生态对策提供依据(黄国平等,2007)。通过对国内金融生态环境评价的相关文献梳理,发现在所有评价体系中,与信用或诚信相关的评价指标是使用频率最高的一个。可以说,金融生态环境实质上就是信用生态环境,金融生态环境评价的核心就是信用生态环境评价。

学术界在区域金融生态环境评价和农村金融生态环境评价方面的研究成果颇丰,详见表 1-19。

表 1－19　金融生态环境评价主要文献成果

文献序号	文献名称	作者
1	区域金融生态环境评价方法	徐小林,2005
2	区域金融生态环境评价方法与实证研究	胡滨,2009
3	区域金融生态环境评价与实证	金欣雪等,2014
4	区域金融生态环境评价指标体系研究	中国人民银行洛阳市中心支行课题组,2006
5	中国金融生态环境评价体系设计与分析	黄国平等,2007
6	金融生态环境及其评价方法研究	柳成等,2010
7	金融生态环境评价问题研究	王秀芳,2006
8	区域金融生态环境评价——基于修正变异系数法	姚爽等,2015
9	区域金融生态环境评价指标体系及模型构建	陈哲明等,2006
10	省域金融生态环境评价研究	周炯等,2012
11	基于系统动力学的金融生态环境评价研究	苗丽娜,2007
12	区域金融生态环境评价指标体系研究	张晓锋,2007
13	区域金融生态环境质量评估指标体系研究	汪祖杰等,2006
14	建立我国区域金融生态环境评价指标体系初探	袁晋华等,2005
15	农村金融生态环境评价与影响因素分析	熊学萍等,2013
16	基于 AHP/DEA 的农村金融生态环境评价	常相全等,2008
17	基于 AHP-DEA 模型的农村金融生态环境评价——以湖南省为例	周妮笛,2010
18	基于 BP 神经网络模型的农村金融生态环境综合评价	张瑞怀,2006
19	我国区域农村金融生态环境评价研究——基于突变级数法的分析	徐丹丹等,2016
20	我国农村金融生态环境评价指标体系研究	安强身,2009

在评价体系的构建思路方面(见表 1－20),学者们的做法较为相似,一般选择从金融生态环境的内涵或影响因素或构成要素出发。评价重点关注两个维度:一是金融生态中的主体,即金融业自身的发展水平与质量;二是与之相关的外部条件,即与金融业发展密切相关的外部信用环境、制度环境、政策环境、社会环境、保障体系等。使用频率最高的评价指标主要有五类:与经济发展有关

的指标;与金融发展有关的指标;与信用或诚信有关的指标;与政策法制有关的指标;与政府行为有关的指标。

表 1-20　主要文献中关于金融生态环境的评价指标体系

文献序号	指标体系构成
1	经济资本回报率、与利润相关的指标、与经济资本相关的指标、法律环境、社会信用水平、政策环境
2	政府对经济的主导(政府控制资源、政府干预、政府效率)、经济运行质量(经济总量、投资效率、收入分配、私人部门发展)、地区金融发展(金融深化、金融独立、金融发育)、信用基础与基础制度建设(市场中介体系、社会保障体系)
3	综合环境指标(经济基础、政府行为、信用环境)、金融发展指标(金融市场状况、证券市场状况)
4	经济发展水平(经济总量、产业结构、集约化水平、可持续发展、经济开放度、人民生活及保障水平)、金融资源水平(银行业发展水平、证券保险业发展、风险抵补、盈利能力、金融业开放度)、社会信用和法治环境水平(银行信用、法制环境)、法律环境(金融法律法规的完善程度和执行状况、政策对金融活动的支持程度、信用机制的健全程度、政府对金融业的支持和干预程度)
5	金融系统的现实表征(信贷资产质量、非信贷资产质量、表外业务质量)、金融生态环境指标(经济基础、金融发展、企业诚信、司法环境、地方政府诚信、金融部门独立性、社会诚信文化、中介服务发展、社会保障程度、金融合规性)
6	金融内生发展水平、司法环境状况、经济发展水平、行政服务状况、社会诚信环境、信用环境、信用中介环境、政府主导金融生态环境建设及支持金融发展情况
7	法律环境评价(法律建设情况、法律执行效率、法律执行的公正性)、信用环境评价(区域信用体系建设、政府信用、企业信用、中介机构信用和社会公众信用)、经济金融发展水平评价(经济金融总量增长情况、经济金融人均增长情况、经济金融相关情况和经济金融增长在辖区内的排比位次)
8	政府对经济的主导(政府控制资源、政府干预、政府效率)、经济运行质量(经济总量、投资效率、收入分配、私人部门发展)、地区金融发展(金融深度、金融效率)、信用基础与基础制度建设(市场中介体系、社会保障体系)
9	经济发展水平、金融发展水平、社会信用水平、金融生态保障机制
10	经济基础、金融资源利用水平、政府财政能力、社会信用水平
11	经济基础、金融发展、企业诚信、法治环境、地方政府公共服务、金融部门独立性、社会诚信文化、社会中介服务、社会保障程度
12	地区经济基础、法治环境、地方金融发展、金融部门独立性、社会诚信文化、社会中介服务、地方政府公共服务、企业竞争力、社会保障程度

文献序号	指标体系构成
13	微观金融子系统(社会信用状况、法治化程度、企业发展)、金融机构子系统(资本金水平、安全性、流动性、盈利性)、宏观金融子系统(宏观经济增长、通货膨胀、经济金融化程度)
14	宏观经济、企业状况、社会信用、法律环境、政府参与
15	经济发展环境、地方政府公共服务、信用中介环境、法治环境、社会保障环境、金融信用环境、金融体系运行环境
16	农村经济环境、地方政府公共服务、农村社会保障、农村法治环境、农村信用环境、农村金融体系运行环境
17	农村经济发展水平、农村信用环境、农村法治环境、农村社会保障水平、地方政府服务水平、农村金融运行状况
18	农村经济基础、农村金融发展、农村社会诚信、地方政府公共服务、农村法治环境、农村社会保障程度
19	农村经济环境、信用环境、政府支持、金融服务与发展
20	法治环境、信用环境、农村经济金融

从评价方法和实证应用情况(见表1-21)来看,实证研究类的成果丰富,评价模型种类繁多,以量化评价手段为主,具体包括因子分析法、灰色关联度法、数据包络分析法、突变级数法、线性加权等统计模型;实证数据主要依赖于统计部门的年鉴数据或者金融监管部门的内部数据,也有少量文献使用了第三方数据或调查数据。

表1-21 主要文献中关于金融生态环境的评价方法与实证应用

文献序号	实证情况	数据来源	评价方法
1	山东省3个地市	部门数据	综合评价法(具体模型不明)
2	黑龙江省13个地市	年鉴数据、部门数据、内部数据、调查数据	因子分析法
3	10个省(区、市)	年鉴数据、统计公报	主成分分析、灰色关联度法
4	无实证	年鉴数据、调查数据	线性加权、评分模型
5	全国31个省(区、市)、50个大中城市	年鉴数据、部门数据、第三方报告、调查数据	AHP+DEA

续表

文献序号	实证情况	数据来源	评价方法
6	无实证		线性加权模型
7	无实证		专家赋权＋模糊综合评价
8	辽宁省 14 个地市	年鉴数据、第三方网站数据	基于修正变异系数法的综合评价模型
9	无实证		线性加权模型
10	全国 31 个省（区、市）	年鉴数据	因子分析法
11	武汉市	年鉴数据	系统动力学模型
12	无实证		线性加权模型
13	安徽省	年鉴数据	坎蒂雷赋权＋线性加权模型
14	无实证		
15	湖北省汉川市	年鉴数据、部门数据	因子分析法
16	山东省 17 个地市	年鉴数据	AHP＋DEA
17	湖南省	年鉴数据、问卷调查数据、部门数据	AHP＋DEA
18	湖南省	年鉴数据、调查数据	BP 神经网络模型
19	东部、中部、西部、东北四大区域	年鉴数据、部门数据	突变级数法
20	无实证		

（四）营商环境评价

营商环境评价近几年受到了政府部门的高度重视。《中共中央、国务院关于新时代加快完善社会主义市场经济体制的意见》指出，要完善营商环境评价体系，适时在全国范围开展营商环境评价，加快打造市场化、法治化、国际化营商环境。把营商环境评价归类为社会信用评价的理由包括这几点：首先，社会信用体系是市场经济的重要组成、重要手段、重要举措。《纲要》指出，现代市场经济是信用经济，社会信用体系是社会主义市场经济体制的重要组成部分，加快社会信用体系建设是完善社会主义市场经济体制的重要手段。建立健全社会信用体系,是整顿和规范市场经济秩序、改善市场信用环境、降低交易成本、防范经济风险的重要举措。其次,优化营商环境是社会信用体系建设的重要目的。《国务院办公厅关于进一步完善失信约束制度构建诚信建设长效机制的指导意见》指出,构建诚信建设长效机制,推动社会信用体系建设迈入高质量发展的新阶段,目的是更好地发挥社会信用体系在支撑"放管服"改革和政府职能转变、营造公平诚信的市场环境和社会环境等方面的积极作用。最后,信用建设是优化营商环境的必由之路。《优化营商环境条例》将营商环境定义为"企业等市场主体在市场经济活动中所涉及的体制机制性因素和条件"。优化营商环境就要做好市场主体保护,净化市场环境,优化政务服务,规范监管执法,加强法治保障。法治和信用是其中最基础、最重要的体制机制性因素和条件,是营商环境的两大基石。因此,优化营商环境实质上就是优化信用环境,营商环境评价的核心就是信用环境评价。

　　早在 2012 年,中国城市商业信用环境课题组就有关城市商业信用环境评价开展研究,从信用投放、企业信用管理、征信系统、政府信用监管、失信违规行为、诚信教育和企业感受七个方面构建三层级评价指标体系,并编制发布了城市商业信用环境指数(CEI),对各大城市商业信用环境进行持续监测。广东省和中国贸促会在国内较早使用"营商环境评价"这一提法开展相关研究与实践。早在 2014 年前后,广东省便开始了对营商环境评价的相关探索,并从国际化、市场化和法治化三个层面构建了包括 3 个一级指标、12 个考核目标和 48 个二级指标较为完备的评价体系(胡益等,2015)。中国贸促会也在 2016 年前后组织相关专家构建了一套包含 12 个一级指标、51 个二级指标的中国营商环境评价体系(刘英奎等,2020)。学术界在这方面的成果颇丰,从文献梳理情况看(见表 1-22),除关注整体营商环境评价(胡益等,2015;杨涛,2015;李志军等,2019;张大海等,2019;彭迪云等,2019;刘英奎等,2020;丁鼎等,2020;张三保等,2020),还有不少学者关注重点领域的营商环境评价,如彭向刚等(2018),孙萍等(2019)关于营商政务环境的评价;谢红星(2019),郑方辉等(2019)关于营商法治环境的评价;王绍乐等(2014)关于税务营商环境的评价等。

表1-22　营商环境评价主要文献成果

文献序号	文献名称	作者
1	广东营商环境指标体系研究	胡益等,2015
2	营商环境评价指标体系构建研究——基于鲁苏浙粤四省的比较分析	杨涛,2015
3	中国营商环境建设及其评价研究	刘英奎等,2020
4	我国城市营商环境建设历程及评价——以36个省会城市、直辖市及计划单列市为例	丁鼎等,2020
5	中国城市营商环境评价及有关建议	李志军等,2019
6	中国省份营商环境评价:指标体系与量化分析	张三保等,2020
7	因子分析与熵值法下我国营商环境评价	张大海等,2019
8	区域营商环境评价指标体系的构建与应用——以长江经济带为例	彭迪云等,2019
9	政务营商环境优化及其评价指标体系构建	彭向刚等,2018
10	基于主成分分析法的营商政务环境评价研究——以辽宁省14市的调查数据为例	孙萍等,2019
11	营商法治环境评价的中国思路与体系——基于法治化视角	谢红星,2019
12	营商法治环境指数:评价体系与广东实证	郑方辉等,2019
13	中国税务营商环境测度研究	王绍乐等,2014

从关于整体营商环境评价的体系构建思路(见表1-23)来看,大部分做法都较为相似,主要从营商环境的构成要素或影响营商环境的因素出发,少量文献从营商环境的三大原则(国际化、市场化、法治化)出发,如广东省的做法(胡益等,2015)。

表1-23　主要文献中关于营商环境的评价指标体系

文献序号	指标体系构成
1	国际化(对外经贸合作开放度、投资贸易便利度、服务业国际化、国际影响力)、市场化(政府与市场的关系、信用体系建设、民营经济活力、要素市场发育)、法治化(政府法治廉洁、司法公正透明、维护投资者权益、社会公平正义)

续表

文献序号	指标体系构成
2	市场环境（创业发展环境、市场准入制度、注册登记制度、兼并重组环境、民间投资环境、国际化环境、创新发展环境、劳资管理环境、成果转化环境、节能减排环境、转型升级环境）、政策政务环境（融资环境、简政放权状况、政策落实状况、税收优惠状况、政府采购环境）、法律环境（知识产权保护环境、司法保障环境）
3	基础设施环境、生活服务环境、政策政务环境、社会信用环境、公平竞争环境、知识产权保护环境、科技创新环境、人力资源环境、金融服务环境、财税服务环境、口岸服务环境、企业设立和退出环境
4	政务环境（政府保障工作力度、政府服务质量、政府对企业税收优惠扶持力度）、公共环境（交通运输能力、生活设施建设）、金融服务（融资便利程度、金融市场规模、资本市场规模）、人力资源（人力规模）、创新环境（科技创新基础、科技研发投入力度、科技研发成果产出）、市场环境（经济实力、对外开放程度）
5	政府效率、人力资源、金融服务、公共服务、市场环境、创新环境
6	市场环境（融资、创新、竞争公平、资源获取、市场中介）、政务环境（政府关怀、政府廉洁、政府效率）、法律政策环境（政策透明、司法公正）、人文环境（对外开放、社会信用）
7	政府和法律、经济、社会和文化、技术
8	经济环境、市场环境、基础设施、支持环境
9	需求识别（渠道的多元性、识别的及时性、覆盖的完备性）、服务职能（基础设施、减负服务、审批服务、资金服务、人才服务、科技服务）、服务能力（资源投入、服务态度）、服务供给（服务流程、服务效率、服务效果）
10	公共政策供给（政策的及时性、政策的透明度、政策的落实度）、制度性交易成本（时间成本、程序成本、溢出成本）、市场监管行为（监管理念的科学性、监管方式的规范性、监管权责的明晰度）、基础设施服务（基础设施服务的便利性、基础设施服务的公平性、基础设施服务的主动性）
11	法规政策制定环境（涉企法规政策完备性、涉企法规政策科学性、涉企法规政策合法性、涉企法规政策民主性、涉企法规政策公开性）、依法行政环境（行政审批、行政执法、政务公开、政务服务）、司法环境（司法审判、判决执行、司法监督、司法服务）、信用环境（商务诚信、政务诚信）、社会环境（治安环境、法律服务、政商关系、文化氛围）
12	营商法治环境（法规政策体系、法规政策内容、法规政策实效）、营商执法环境（依法规范执法、政府职能履行、行政权力监督、企业权益保障）、营商司法环境（司法公正透明、司法途径有效、法律服务保障）、营商守法环境（全民知法守法、企业守法经营、诚信体系建设）
13	税收法治指数、税收效率指数、纳税成本指数、社会满意度指数

从评价方法和实证应用情况(见表1-24)来看:第一,实证研究类的文献占多数,从全国性评价、区域性评价,到按省或重点城市评价,评价对象涉及各级别行政区域,非常全面;第二,大多数文献的评价指标以客观指标为主,也有少量文献采用主观性评价指标,或者综合使用主客观两类评价指标;第三,从评价数据来源看,从各类官方统计数据和部门数据,到调查数据和第三方数据,来源渠道较为丰富;第四,以定量评价模型为主,模型涉及种类较多,以线性加权模型使用最多。

表1-24　主要文献中关于营商环境的评价方法与实证应用

文献序号	实证情况	数据来源	评价方法
1	无实证		
2	鲁苏浙粤四省	调查数据	因子分析法
3	无实证		
4	36个省会城市、直辖市及计划单列市	EPS数据库、年鉴数据、第三方研究报告	熵权法
5	4个直辖市、5个计划单列市、27个省会城市以及其他254个地级市	EPS全球统计数据、第三方报告	线性加权法
6	31个省(区、市)、七大区域	EPS数据库、年鉴数据、部门数据、第三方报告	线性加权法
7	全国	世界营商环境报告、国家统计局、世界银行网站、国家知识产权局统计年报、中国人民银行等	因子分析法
8	长江经济带11省市	年鉴统计数据	熵值法
9	无实证		
10	辽宁省14市	问卷调查数据	主成分分析法
11	无实证		
12	广东省21个地级市	政府门户网站、统计年鉴、统计公报,第三方机构数据、调查数据	评分模型
13	广东省7市	问卷调查数据、部门数据	线性加权法

46

三、微观层面

（一）典型行业企业诚信评价

在中观层面,除政务、司法、商业、金融等重点领域的信用（或诚信）评价之外,其他行业领域更多地采用以小见大的方式,选择从企业微观个体出发,去构建反映企业和所属行业诚信特征的评价指标体系。

企业微观个体的信用评价研究可分为信用评级和诚信评价两大类。企业信用评级的核心是信用风险评估,评价目的是服务于资本市场、金融信贷或商务活动的违约风险识别与价格确定,强调的是信用的经济价值,在评价方法上一般借鉴国际主流评级机构的评级模型。企业诚信评价则更强调社会价值而非经济价值,因此注重对企业诚信能力和合规能力的评价,同时兼顾践约能力的评价。评价目的有两个:第一,用以评估行业企业诚信现状,从而有助于剖析造成诚信缺失的成因和机理,引导企业诚实守信,提升信用水平,塑造行业诚信氛围;第二,服务于行业主管部门的政策制定、行业分级分类监管或评价考核。本书将梳理重点放在第二类评价体系上,这类评价更接近我们讨论的社会信用范畴。

国内关于企业诚信评价（企业信用评价）的文献成果颇多（见表 1-25）,主要集中在招投标领域（顾钰栋等,2011）、工程建设领域（郑磊等,2012;马自强等,2003;郑磊等,2014;陈思彬等,2015）、生产领域（皮台田等,2008;谭中明等,2015）、价格领域（冷崇总等,2014）、电子商务领域（岳上植,2005;张俊民等,2005）、中介服务领域（张靖雅等,2020）、医疗卫生领域（白丽萍,2009）、教育科研领域（夏文莉,2013;吴晶妹等,2016）、社会保障领域（谭中和,2020）、文化旅游领域（姚延波等,2013;贾应丽,2018）、环保领域（王莉,2019）、税收领域（吕伟等,2015）、交通运输领域（唐慧,2012）等十余个当前社会信用体系建设重点关注领域,评价对象涉及工程招标代理机构、建筑企业、建设工程监理企业、监理企业、工程造价咨询企业、安全生产企业、食品生产企业、物流企业、快递企业、电子商务平台、会计师事务所、家政企业、医院、药品生产企业、科研机构、医保机构、旅游企业、交通运输企业等。

表 1 - 25 典型行业企业诚信评价主要文献成果

文献序号	文献名称	作者	涉及领域
1	工程招标代理机构诚信评价指标体系研究	顾钰栋等,2011	招投标领域
2	建筑业企业诚信评价关键指标研究	郑磊等,2012	工程建设领域
3	建筑企业诚信评估指标体系的分析	马自强等,2003	工程建设领域
4	建设工程监理企业诚信评价研究	郑磊等,2014	工程建设领域
5	浅谈监理行业诚信评价体系的建立	李京玲等,2008	工程建设领域
6	工程造价咨询企业诚信评价研究	陈思彬等,2015	工程建设领域
7	建设工程咨询行业信用评价指标体系应用研究	周航等,2008	工程建设领域
8	安全生产诚信评价管理实践与探索	皮台田等,2008	生产领域
9	基于贝叶斯网络的食品生产企业诚信度评估	谭中明等,2015	生产领域
10	产品质量信用评价体系研究	陈欢等,2012	生产领域
11	构建价格诚信评价指标体系研究	冷崇总等,2014	价格领域
12	基于熵权模糊综合评价法的物流企业诚信评价研究	唐叶云,2016	流通领域
13	基于熵权法的物流企业诚信评价指标体系研究	唐叶云,2020	流通领域
14	综合型物流企业诚信评价研究	徐章一等,2012	流通领域
15	物流企业信用评价指标体系的构建研究	韩嵩,2017	流通领域
16	快递行业信用指标体系构建与评价研究	陈宸,2015	流通领域
17	电子商务平台诚信评价模型的建构	林建宗等,2015	电子商务领域
18	网商诚信评价体系及评估模型的构建	罗谷松,2011	电子商务领域
19	会计诚信评价体系构建的思考	岳上植,2005	中介服务领域
20	会计师事务所诚信监管评价指标体系研究	张俊民等,2005	中介服务领域
21	家政企业诚信评价体系构建的探索	张靖雅等,2020	中介服务领域
22	城市公立医院信用评价指标体系研究	白丽萍,2009	医疗卫生领域
23	医院信用评价体系的构建	刘正炼等,2006	医疗卫生领域

文献序号	文献名称	作者	涉及领域
24	中药生产企业信用评价指标体系构建研究——基于行业自律视角	袁雪丹等,2020	医疗卫生领域
25	科技信用评价指标体系研究	陈玉忠等,2009	教育科研领域
26	基于因子分析法的科研诚信评价机制研究	夏文莉,2013	教育科研领域
27	科技信用评价指标体系构建及实证分析——基于AHP法	何成娣,2020	教育科研领域
28	吴氏三维信用理论在科技信用评价中的应用	吴晶妹等,2016	教育科研领域
29	医保诚信评价指标体系构建的思路与方法	徐军等,2020	社会保障领域
30	建立我国医保信用综合评价指标体系刍议	谭中和,2020	社会保障领域
31	我国旅游企业诚信评价指标体系的构建	姚延波等,2013	文化旅游领域
32	试论旅游企业诚信评价体系的建设	庄东泉,2006	文化旅游领域
33	旅游服务与管理的诚信评价指标体系构建研究	金惠红等,2010	文化旅游领域
34	中国旅游企业商务信用评估体系研究	贾应丽,2018	文化旅游领域
35	我国企业环保信用评价指标体系的三维建构	王莉,2019	环保领域
36	企业纳税信用等级评价现状与对策研究	李奇等,2007	税收领域
37	基于风险导向的纳税人信用评价体系研究	吕伟等,2015	税收领域
38	交通运输企业信用评价模型构建	王婷等,2008	交通运输领域
39	交通运输企业信用评价及其指标体系研究	唐慧,2012	交通运输领域

应该说,各行业领域和企业门类的诚信评价研究已十分齐全。尽管行业领域千差万别,评价对象的信用特征也各有不同,但也有一些共同点:一是都选择从企业微观个体视角出发去构建诚信(或信用)评价体系,并由点及面去评估整个行业诚信面貌;二是同时兼顾企业诚信度评价、合规度评价和践约度评价,将企业的社会责任、监管执纪记录等诚信要素放在与企业履约能力评价同等重要的位置,突出企业社会公德和商业道德的重要性;三是不但考虑影响企业诚信(或信用)的内部因素,还考虑企业所属行业等外部影响因素或外部约束(见表1-26)。

表1-26 主要文献中关于典型行业企业诚信的评价指标体系

文献序号	指标体系构成
1	诚信环境(政府诚信水平、诚信法律环境、诚信文化环境、经济发展水平、行业发展水平、征信体系建设水平)、诚信基础(人员素质、资格等级、资格年限、代理业务、不良行为记录、纳税记录、企业劳动保障状况、金融信用、奖惩情况)、投标诚信(投标身份真实性、投标放弃、串标围标)、履约诚信(串通受贿、项目特征、招标代理项目组、招标准备工作、资格审查质量、招标文件质量、现场踏勘与答疑组织、开评标准备工作、开评标组织工作、定标相关工作、资料管理与保密、相关方评价)
2	诚信环境、投标诚信、履约诚信、行业评价、银行诚信、社会评价
3	企业素质、资金信用、经营管理、经济效益、发展前景
4	企业素质、诚信记录、投标诚信、履约诚信、诚信环境
5	基本素质(基本情况、员工队伍)、管理素质(经营方针、机构与管理、服务水平)、经济要素(注册资金、财务状况)、环境要素(同业地位、竞争能力)
6	企业素质、经营能力、缔约诚信、履约诚信、行为记录、诚信环境
7	基本要素指标体系、优良记录及不良记录指标体系、投诉情况指标体系
8	安全生产信誉度(安全许可、安全投入、组织机构、制度建设、安全教育、事故预警)、安全生产风险度(安全管理状况、现场安全条件)
9	诚信素质(诚信价值观、诚信表现)、诚信能力(偿债能力、盈利能力)、质量诚信(质量管理制度、质量监管)
10	企业基础信用信息、企业质量保证能力、相关监督及约束力量
11	价格管理制度、价格政策执行、价格纠纷处理、社会公众评价
12	基本素质(企业基本素质、企业人员素质、企业管理素质)、服务水平(现代物流技术、客户服务、服务范围、创新发展力)、财务状况(盈利能力、偿债能力、运营能力、未来发展能力)、社会评价(权威认证认可、失信行为)
13	基本素质指标、服务水平指标、财务指标、社会诚信评价指标
14	基本条件指标、物流作业过程评价指标、客户服务评价指标、辅助评价指标
15	企业基本条件、企业经营管理能力、企业财务状况、企业社会责任、企业发展潜力、企业产品或服务
16	企业基本素质、企业运营能力、企业社会责任记录
17	平台监管能力、平台风险控制能力、在线声誉评价有效性、流程设计安全性、售后服务水平、品牌和商誉、卖家自组织化程度、卖家自组织规范性、物流的及时性、物流的安全性、支付的安全性、平台盈利能力、平台创新能力、虚拟论坛真实性
18	真实性、准确性、安全性、日常管理、危机管理

文献序号	指标体系构成
19	会计核算诚信状况(资产失真率、利润失真率、会计信息记录失真率、凭证抽查失真率)、会计管理诚信状况(违法违规查处率、会计资料失真率、票据缺失率、资产非正常缺失率)、会计执业环境(单位负责人对会计工作的重视程度、会计机构设置、会计人员配置、会计人员任用实行回避原则、交接程序、会计电算化)、会计核算(依法建账、凭证填制与审核、账簿登记、会计科目设置与核算方法、报表的编制与重大信息披露、档案管理)、内部控制(不相容职务划分明确、财产保全、授权审批、风险控制)、财经法纪检查情况(信贷诚信状况、纳税诚信状况、审计及其他专项检查)
20	事务所诚信监管文化评价指标、事务所诚信监管环境评价指标、事务所诚信职业道德监管指标、事务所执业质量监管评价指标
21	家政企业内部信用能力评价、家政企业外部信用能力评价(雇主感知、家政服务员感知)
22	运行基础(基本素质、发展潜力)、临床效应(工作效率、医疗质量)、显性效果(社会效益、社会反应性)
23	依法执业与医疗安全、医患沟通与服务态度、便民措施就医环境简化流程、合理检查合理用药合理治疗、医德医风与综合满意度、医药费用与病人负担
24	综合能力、合规经营、公平竞争、财务状况、诚实守约、质量保证、绿色发展、安全生产和诚信荣誉
25	承担机构科研能力、经济实力、科研成果、管理素质、关联信用、不良行为记录与良好行为记录
26	奖励机制(人才政策奖励、职称待遇差异)、惩罚机制(处理的等级、立法情况)、监督执法机制(执法情况、监督情况)、考核机制(是否采取量化考核、考核任务强度)、竞争机制(晋升职称难度、获取人才称号的难度)、学术环境(学术近亲繁殖、官学一体化)、个体差异(收入情况、生活压力、科研能力)
27	素质(企业素质、领导者素质)、能力(科研能力、财务能力)、表现(履约表现、关联信用表现)
28	诚信度、合规度、践约度
29	资质诚信、服务诚信、管理诚信
30	基础信息指标(医疗保险服务供给方、医疗保险服务需求方、用人单位方、医疗保险经办机构)、功能指标(监测指标、警情指标)、结果指标(诚信展示指标)、维度指标(时间维度指标、空间维度指标)
31	诚信事实、诚信绩效、诚信努力
32	旅游核算诚信状况、旅游经营信息诚信状况、旅游管理诚信状况、旅游企业的环境、内部控制制度、财经法纪检查

续表

文献序号	指标体系构成
33	环境指数(经营环境、制度环境、规划环境)、功能指数(经营管理水平、经济信用、人力资源管理、成长能力和发展前景)、质量指数(顾客满意度、员工工作诚信度、社会信用度)、绩效指数(经济效益、社会效益)
34	政府监管信用信息指标(行政管理征信体系、信用评价基础数据库)、履约企业交易信息指标(企业日常经营行为、财务指标、非财务指标)、旅游企业行为信用信息指标(公开网络学习、游客评价信息)
35	企业环保信用评价之诚信度指标体系、企业环保信用评价之合规度指标体系、企业环保信用评价之践约度指标体系
36	税务登记情况、纳税申报情况、账簿凭证管理情况、税款缴纳情况、违反税收法律法规行为处理情况
37	历史信息、税务内部信息、税务外部信息
38	安全状况、经营状况、服务状况、财务状况、管理状况
39	主体资格信用审查、企业基本素质、企业管理者素质、企业财务状况、安全生产、企业信用管理水平

从评价方法和实证应用情况(见表1-27)来看:首先,理论探讨类的文献居多,实证研究类的文献非常少,仅有个别文献做了小范围的个案测评;其次,多数评价指标体系构建主要凭借主观经验,只有少量文献运用了专家打分法或因子分析法;再次,实证数据来源较为单一,大多依赖企业内部数据或专家主观评分数据;最后,在评价模型方面,层次分析法、模糊综合评价法使用较多。

表1-27　主要文献中关于典型行业企业诚信的评价方法与实证应用

文献序号	指标体系构建方法	评价方法	实证情况
1	问卷调查+因子分析		无实证
2	问卷调查+因子分析+结构方程检验		无实证
3	德尔菲专家法	标准等级评估、函数分布评估法	上海某一家施工企业
4	问卷调查+因子分析	网络分析法和模糊综合评价法	南京市和武汉市两家监理企业
6	问卷调查+因子分析	网络分析法和模糊综合评价法	江苏某地两家工程造价咨询企业

续表

文献序号	指标体系构建方法	评价方法	实证情况
12		熵权法＋模糊综合评价	A 公司
14		DHGF 集成法（德尔菲头脑风暴法、层次分析法、灰色关联分析、模糊综合评价法）	湖北省武汉市某综合型物流企业
16	问卷调查＋因子分析	AHP 线性加权方法	S 企业
17	用户调查＋因子分析	主成分分析	淘宝等 13 家电子商务平台
18		模糊综合评价法	无实证
21		熵权＋层次分析法	无实证
22	德尔菲专家法	线性加权法	武汉市 4 所公立医院
24	因素分析法	德尔菲法＋评分模型	无实证
26	用户调查＋因子分析		无实证
27	德尔菲专家法	AHP 法	乌鲁木齐 553 家企业和院所
31	层次分析法＋德尔菲专家法		无实证
33	专家打分法＋多层次指标体系和多因素分析方法		无实证
38		AHP 法	无实证

（二）重点人群职业诚信评价

企业法定代表人、律师、会计从业人员、科研人员、导游等重点人群的职业信用建设是社会信用体系建设的重要组成部分,在社会信用体系建设中起基础性作用,在当前研究中却是一个薄弱环节。

与企业诚信评价相类似,个人诚信评价在评价核心、评价目的、评价方法等方面同样有别于个人信用评级。个人诚信评价的核心围绕"四德",即社会公德、职业道德、家庭美德和个人品德,目的是践行社会主义核心价值观,加强全社会的道德建设和精神文明建设,因此更加突出诚信的社会价值。

与企业诚信评价形成鲜明对比的是,个人诚信评价的文献研究成果十分少。从梳理的结果看(见表1-28),涉及对象主要是大学生(任皓等,2005)、青年志愿者(许伟,2018)、企业管理人员(丁娟娟等,2006;周津,2008)、职业经理人(姜琳琳,2016)、科技人员(胡苗苗,2010)、评标专家(郑磊等,2012)、总监理工程师(郑磊等,2011)等。

表1-28 重点人群职业诚信评价主要文献成果

文献序号	文献名称	作者
1	试论大学生诚信评价体系的构建	任皓等,2005
2	青年志愿者信用评价指标体系构建	许伟,2018
3	企业家诚信评价模型的构建研究	周津,2008
4	企业管理人员职业信用等级模糊综合评判	丁娟娟等,2006
5	职业经理人信用评价指标初探	姜琳琳,2016
6	科技人员科研诚信评价模型初探	胡苗苗,2010
7	评标专家诚信评价指标体系研究	郑磊等,2012
8	总监理工程师诚信评价指标研究	郑磊等,2011
9	自媒体人诚信评价体系构建:让新闻不再"震惊"	谭禄璐,2019

从评价指标体系的构建情况(见表1-29)来看,主要存在三个问题:一是评价体系仅考虑个人的身份信用特征,如任皓等(2005)的研究。二是同时考虑身份信用特征和职业活动信用特征,如胡苗苗(2010),郑磊等(2011)的研究。三是不仅考虑个人内部信用特征,同时还将外部信用环境对个体的影响因素也考虑在内,如郑磊等(2012)的研究。

表1-29 主要文献中关于重点人群职业诚信的评价指标体系

文献序号	指标体系构成	评价分类
1	学习诚信评价体系、经济诚信评价体系、生活诚信评价体系、择业诚信评价体系	内部身份特征
2	个人特质、信用历史、履约能力、消费行为、社交关系、公益慈善	内部身份特征
3	个人层面(品质、道德、商业伦理、经历、特征、能力)、环境层面(激励保健、外部约束、公司治理、企业内部影响)	内部身份特征＋外部环境影响

续表

文献序号	指标体系构成	评价分类
4	管理人员的背景、个性心理、工作表现、工作业绩水平、在团队中的表现、财务收支执行情况、企业内部制度和企业文化的认识水平	内部身份特征＋职业活动特征
5	个人信用(个人金融、公共消费、遵纪守法)、职业信用(职业能力、职业道德、任职不良记录)	内部身份特征＋职业活动特征
6	项目履约评价、学术事件评价、社会评价	内部身份特征＋职业活动特征
7	诚信基础(受教育情况、职称、评标业绩等)、评标诚信(评标出席、评标意见等)、诚信环境(诚信法律环境、政府诚信水平等)	内部身份特征、职业活动特征＋外部环境影响
8	诚信基础(能力基础素质、身体基础素质、企业基础素质、职业经验)、履约诚信(履约诚信、法定监理效果、非法定监理效果、受奖情况、受惩情况、监理服务外部评价)、守法诚信(个人职业守法诚信、个人社会守法诚信)	内部身份特征＋职业活动特征
9	被举报为"不实信息"的频率、实名身份、账号持续运行的时间、发布内容的错字率、粉丝的稳定性与活跃度	内部身份特征＋职业活动特征

从评价方法和实证应用情况(见表1-30)来看:除个别文献(郑磊等,2012)进行了小范围的个案测评,几乎没有文献做大范围的实证和应用研究。

表1-30　主要文献中关于重点人群职业诚信的评价方法与实证应用

文献序号	指标体系构建方法	评价方法	实证情况
3	因子分析	线性加权模型	无
4		模糊评价法	模拟实例
6	专家调查	AHP法	无
7	理论研究＋问卷调查	基于ANP(网络分析法)赋权的模糊综合评价法	某市建设工程交易中心评标专家库中随机抽取两位评标专家
8	问卷调查＋因子分析	ANP赋权	无

第三节　当前社会信用评价中存在的若干问题

一、宏观层面的问题

宏观层面的社会信用环境评价和社会信用体系建设评价,尽管取得了丰硕成果,但也存在以下共性问题。

第一,评价下沉的深度不够,往往只关注大中城市或重点区域的信用环境和评价信用体系建设评价,却忽视了区(县、市),尤其是乡镇(街道)一级基层单位的评价研究。以中经网城市信用监测评价为例,目前只能覆盖到区(县、市),无法进一步延伸至乡镇一级,原因是其评价体系无法适应基层评价的要求,因为基层评价对监测指标要求更精细、更灵活,对信用数据的颗粒度要求也更高。作为打通社会治理的"神经末梢"和社会信用体系的重要组成部分,基层的信用情况理应引起关注。

第二,对公众和企业主观感受在评价中的作用不够重视。过于强调客观数据和客观性统计指标在社会信用评价中的地位,对社会信用环境和社会信用体系建设评价中可量化、可统计部分较为关注,而对于一些难以量化统计,尤其是基于公众和企业主观感受的评价往往有意无意地予以忽视。社会信用环境是否优良,社会信用体系建设成效是否显著,主观性评价同样应作为衡量的重要参考标准。

第三,对信用大数据的挖掘及其在评价中的应用不够。评价过程仍然以传统政府统计＋小范围抽样调查的"小数据"评价模式为主,没有充分发挥信用大数据在评价中的优势。随着社会信用体系向纵深推进,国家和各地公共信用信息平台广泛建立,信用"数据孤岛"问题得以有效解决,运用信用大数据开展评价有了技术支撑。以中经网的监测体系为例,它综合了互联网、全国信用信息共享平台、第三方信用服务机构、各类统计数据和调查数据、各城市归集共享的五大类数据。但此类研究较少,且中经网采用的是"信用大数据＋传统监测"的评价方法,因此只是在数据来源上做到了"大",而对于半结构化和非结构化信用数据的使用,以及在评价方法上的"大"的研究,还远远不够。

二、中观层面的问题

由于政务诚信、司法公信、金融生态环境和营商环境在社会信用体系中的突出地位,相关研究历来受到重视。但从文献梳理情况来看,也存在不同程度的问题。

第一,针对政务诚信评价,一是因为评价对象的特殊性和评价结果的敏感性,学术层面存在普遍的理论探讨居多、实证研究偏少的现象。随着"放管服"改革越来越向纵深推进,各级政府的政务诚信评价成为各地检验改革成效的根本标准。因此,当务之急,必须以更务实的态度,推动政务诚信评价落地应用。二是因为评价对象过于笼统含糊,没有加以仔细区分对待。政府部门纵向分为不同行政层级,横向涉及本级政府所辖的诸多部门,很多非政府公共部门也承担着大量政务服务角色,具有准政府属性。评价过程中如果不加以区分,一概而论,极容易造成评价的形式主义。三是因为评价过程与评价结果主观性过强。"金杯银杯不如百姓口碑",公众口碑的确是检验政务诚信的根本标准,但一味重视民意调查结果,对很多政务诚信建设取得的成效等客观性证据视而不见,则是对口碑论的曲解。因此,必须将两类指标、两种评价方法有效地结合起来,做到不偏信、不罔顾。

第二,针对司法公信评价,一是现有研究仅关注了司法审判机关的公信力,对检察机关、司法行政系统、司法执法和从业人员的公信力评价研究明显不足;二是实证研究严重缺乏,数据来源过于单一,限制了实证应用研究的开展。

第三,针对金融生态环境与评价,一是评价体系雷同,不仅同类研究的评价指标类同,与社会信用环境评价体系的差别也非常小。评价体系相似度高一方面说明学者们的观点较为接近,另一方面也表明文献的创新度不足,重复研究的现象较为严重。二是金融领域的诚信评价研究严重不足,过于关注对金融生态环境的评价,却忽视了对金融领域诚信体系建设的评价,如对金融欺诈、恶意逃废银行债务、内幕交易、制售假保单、骗保骗赔、披露虚假信息、非法集资、逃套骗汇等各类金融失信行为的治理成效评价,对金融机构、金融从业人员、金融市场参与者的诚信评价等,均未予以充分关注。三是过于关注以银行业为主体的金融生态评价,忽视了证券、保险、信托等其他金融业态的信用评价,也忽视了对互联网金融、资本市场、保险市场等其他金融领域信用生态环境的评价。四是实证数据过于依赖统计部门数据,评价体系创新不足,评价对象、评价领域过于集中,评价维度过于单一,这与学者们可使用的数据来源单一密切相关。尽管也有少量文献部分使用了部门数据、调查数据或第三方数据,但总体而言,对各类金融大数据的挖掘和运用还远远不够。例如,针对金融机构和金融从业人员的行政执法数据、司法诉讼数据、网络舆情数据等几乎没有涉及。

第四,针对营商环境评价,一是研究的重点主要集中在全国各大中城市或经济基础较好的重点区域,对乡镇(街道)这一中国最基层、数量最多、营商环境最为复杂的行政区域单位,相关评价研究非常少。由于基层单位的市场化、法治化和国际化程度普遍较低,营商环境问题往往比大中城市更为突出。因此,推动乡镇(街道)一级基层单位的营商环境考核评价,一方面,对寻找优化基层单位营商环境的解决方案与出路,破解基层招商引资难等问题具有现实意义;另一方面,对推动基层社会治理体系和治理能力的现代化,提升整体营商环境水平,推动经济高质量发展,也有重要的战略意义。二是各类市场主体和社会公众在营商环境评价中的作用不够突出。2020年1月1日施行的《优化营商环境条例》指出,要建立和完善以市场主体和社会公众满意度为导向的营商环境评价体系,发挥营商环境评价对优化营商环境的引领和督促作用。目前的文献研究较为注重营商环境的客观指标和客观评价,对市场主体和社会公众的主观评价关注度还远远不够。

三、微观层面的问题

微观层面,围绕企业和个人诚信评价的研究存在明显的"冷热不均"现象,具体来看主要有以下两方面的问题。

第一,针对典型行业企业诚信评价,一是相关研究成果非常丰富,但仅关注企业微观层面的诚信评价,对中观层面有关整个行业领域诚信水平和诚信体系建设评价的研究非常少;二是关于评价体系的理论探讨居多,实证研究较少,评价数据来源过于单一,具有较好行业实际应用价值的成果严重缺乏;三是评价过程主观性较强,评价结果缺乏有效的验证手段。

第二,针对重点人群职业诚信评价,一是相关研究成果非常匮乏,近乎空白,已有文献仅关注微观个体的诚信评价,却忽视了中观层面职业群体诚信水平和诚信体系建设的评价;二是对个人诚信品德,如社会公德、职业道德、家庭美德和个人品德等的重视程度不够,选用评价指标时过于关注个体身份信用特征,且将个人诚信评价和信用评级相混淆;三是同样存在实证研究不足、研究成果的实际转化与应用难度较大等问题。

第四节　面向高质量发展社会信用评价的新思考

中国特色社会信用体系建设即将迈入高质量发展新阶段。总结过去社会信用评价所取得的成果与不足,结合与高质量发展要求相适应的社会信用体系新特征,我们提出以下几点新思考。

第一,对标高质量社会信用体系建设新目标、新标准,加强前瞻性评价研究力度。无论是针对建设现状的水平评估,还是针对建设进程的监测评估,或者是针对建设质量的成效评估,关注点都是过去和现在。我国的社会信用体系建设已取得了积极进展,即将迈入高质量发展新阶段。《中共中央、国务院关于新时代加快完善社会主义市场经济体制的意见》提出,要构建适应高质量发展要求的社会信用体系,《国务院办公厅关于进一步完善失信约束制度 构建诚信建设长效机制的指导意见》同样指出,要推动社会信用体系迈入高质量发展的新阶段。面向高质量发展的评价研究,构建与高质量发展目标相吻合的评价体系,应尽快提上日程。

第二,加大对公共信用评价的研究力度,以更好地支撑与服务信用分级分类监管需求。社会领域的诚信评价主要服务于社会治理、政策制定或上级考核,经济领域的信用评级主要服务于金融市场。公共信用评价的目的在于服务行业分级分类监管,以提高政府监管效能和监管水平。但目前针对各行业领域公共信用评价的研究明显滞后于行业监管的现实需求。《国务院办公厅关于加快推进社会信用体系建设 构建以信用为基础的新型监管机制的指导意见》等文件明确提出,要建立健全公共信用综合评价机制,以公共信用综合评价支撑分级分类监管,大力支持国家和地方有关行业主管部门开展行业信用评价。因此,如何依托政府公共信用信息平台和各行业内部监管平台,分类探索满足行业监管需求的公共信用评价体系与评价机制,显得尤为迫切与必要。

第三,加强重点领域、重点人群、重点区域的社会信用评价。一是推动评价重心进一步向基层单位下移,探索适用于乡镇(街道)乃至乡村(社区)诚信面貌和基层信用治理成效的评价机制与评价体系,让诚实守信的理念触达社会的每个角落。二是加大行业诚信体系建设评价研究力度,按照行业门类梳理行业企业信用特征,构建用于反映行业总体信用状况、行业诚信体系建设进程和成效的评估体系,实施动态监测和跟踪评价。三是加快重点人群的职业信用评价体系研究,按照职业信用特征梳理评价指标,构建评价体系,有效弥补自然人职业信用评价的短板。四是探索区域信用一体化评价研究。以长三角、京津冀、泛珠三角为代表的跨区域信用合作已迈出了实质性步伐,区域信用一体化代表着更高层次、更高质量的全方位信用合作,如何评估区域信用一体化水平和进程,有着重要意义。

第四,加大以信用大数据为支撑的评价方法研究,强化评价结果的实用性。要依托全国和各地公共信用信息平台和行业监管平台,充分挖掘反映社会信用体系建设的数据指标,合理运用第三方大数据、网络大数据、政务服务大数据,摒弃依靠单一来源统计数据或调查数据的评价模式,加大对半结构化数据、非结构化数据评价方法在社会信用评价中的应用。要注重评价结果的实际应用,合理使用信用评价报告、信用指数等工具,切实发挥评价的"指挥棒"功能,助推社会信用体系建设迈入高质量发展新阶段。

第二章　互联网大数据视域下的社会信用知识图谱

中国特色社会信用体系建设的目的是提高全社会的诚信意识和信用水平，社会公众的诚信意识是评判社会信用体系建设成效的一个重要考量指标。在本章，笔者将从公众网络舆情的视角，借助大数据的技术手段和分析方法，通过2014年以来引起中国社会公众广泛关注的信用热点关键词的百度指数，分析公众诚信意识和信用认知的变化规律，从另一个侧面分析我国社会信用体系建设取得的成效。

第一节　文献评述

Ripberger(2011)将网络数据分为基于供给(supply-based)的数据和基于需求(demand-based)的数据两类：基于供给的数据主要是指在脸书(Facebook)、照片墙(Instagram)等社交媒体上发布的数据，基于需求的数据则是人们主动在网络上搜索得到的数据。

互联网与大数据等新兴信息科技在重塑公众生活和政府治理模式的同时，使网络信息足迹的采集和分析成为可能，网络空间的海量行为数据为有效测量公共关注度提供了可行路径(孟天广等,2019)。

网络行为数据是公众对事务关注度、认知程度和意见态度的一种体现。运用基于需求的数据对公共关注度进行测量的相关研究已取得不少成果。例如，Ginsberg(2009)利用谷歌搜索数据开展流行病预测,Ripberoer(2011)运用与流行病学相关的谷歌搜索数据追踪传染病的扩散路径。国内也有不少学者将百度指数用于经济问题和社会热点议题的趋势预测与时空分析上。例如,孟天广等(2019)基于百度搜索数据采集了 2011—2017 年 26 个政策议题的 2 亿余条关键词指数,对公众的搜索行为与公共(政策)关注度进行了研究。毛通等(2020)等基于百度搜索指数,运用信用关联关键词来编制信用舆情指数、信用治理满意度指数,动态跟踪评估网络公众的社会信用舆情变化态势。

第二节　基本术语

一、信用关键词

在搜索引擎中搜索相关信息时输入的词汇叫作关键词。信用关键词就是用户通过搜索引擎搜索有关信用的相关资讯时输入的词汇,如"诚信""征信""信用中国""失信"等。关键词有多种分类方式,如按照关键词的搜索热度,可以分为热门关键词、一般关键词、冷门关键词;按照关键词的长短,可以分为核心关键词(或目标关键词)、长尾关键词;按照关键词与核心词或目标词关联程度的强弱,可以分为强关联关键词、弱关联关键词、无关词等。

二、信用关键词词库

信用关键词词库是由一系列有关信用的关联关键词组成的语料集合,可通过基于搜索引擎的关键词挖掘工具(如百度需求图谱)来组建。词库是用于动态跟踪和评估社会公众诚信意识及信用认知变化规律的重要依据。词库中热点关键词的切换,以及词库中关键词的变化,反映了公众意识和认知的变化。

三、百度指数

百度公司 2006 年推出的百度指数是以百度海量网民行为数据为基础的数据分享平台。百度指数包括百度搜索指数和百度资讯指数。

百度搜索指数以网民在百度的搜索量为数据基础,以关键词为统计对象,科学分析并计算出各个关键词在百度网页搜索中搜索频次的加权,用以反映互联网用户对关键词的关注程度及其持续变化情况。例如,图 2-1 是 2011 年 1 月 1 日至 2021 年 5 月 24 日关键词"信用中国"的百度搜索指数趋势。

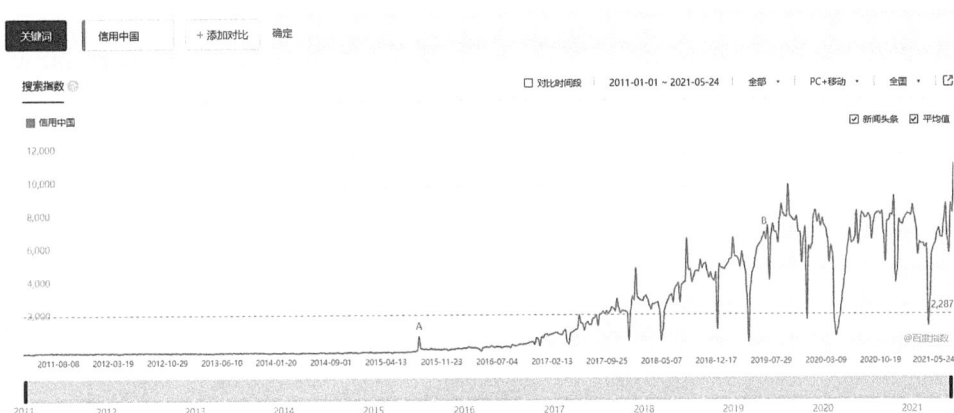

图 2-1　关键词"信用中国"的百度搜索指数(2011 年 1 月 1 日至 2021 年 5 月 24 日)

百度资讯指数是指以百度智能分发和推荐内容数据为基础,将网民的阅读、评论、转发、点赞、不喜欢等行为的数量加权求和得出资讯指数。图 2-2所示是 2017 年 7 月 3 日至 2021 年 6 月 27 日关键词"信用"的百度资讯指数趋势。

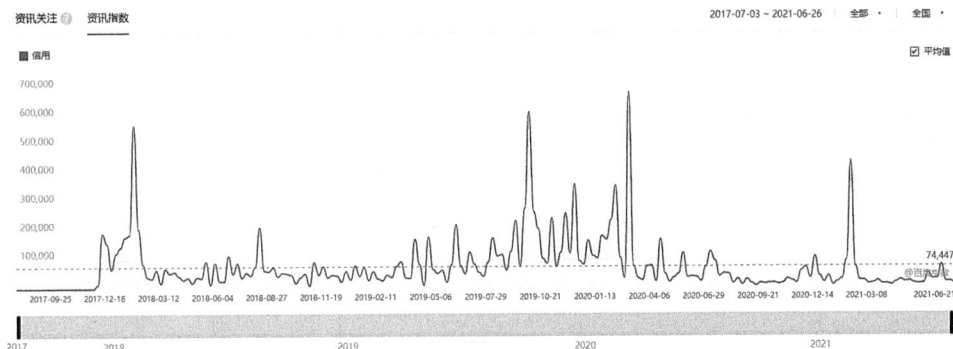

图 2-2　关键词"信用"的百度资讯指数(2017 年 7 月 3 日至 2021 年 6 月 27 日)

四、百度需求图谱

百度需求图谱是百度公司开发的一款关键词挖掘工具。它通过用户搜索行为中表现出来的相关检索词需求,以图谱方式展现相关词与中心词搜索相似度、相关词自身热度和搜索变化情况。图 2-3 所示是 2021 年 5 月 3 日至 2021 年 5 月 9 日关键词"信用"的百度需求图谱,它通过综合计算关键词与相关词的相关程度,以及相关词自身的搜索需求得出。相关词与圆心的距离表示相关词与中心检索词的相关性强度;相关词自身大小表示相关词自身搜索指数大小。

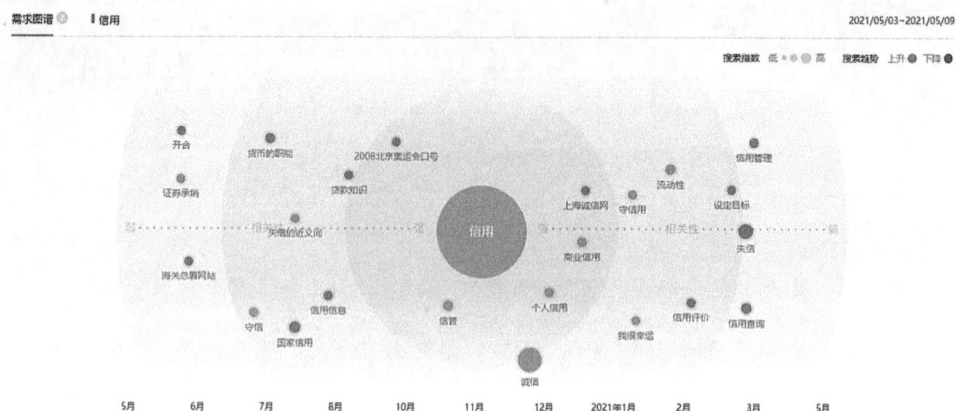

图 2-3　关键词"信用"的百度需求图谱(2021 年 5 月 3 日至 2021 年 5 月 9 日)

五、信用词云图

词云是通过形成关键词云层或关键词渲染,对网络文本中出现频率较高的关键词的视觉上的突出。词云图,也叫作文字云,是一种大数据环境下的可视化工具,它通过过滤掉大量的低频低质的文本信息,将文本中出现频率较高的"关键词"予以视觉化的展现,使得浏览者可快速领会文本的主旨。信用词云图是对信用关键词进行可视化展示的工具。

六、信用知识图谱

知识图谱是一种用图模型来描述知识和建模世界万物之间关系的技术方法。在图书情报界称为知识域可视化或知识领域映射地图,是显示知识发展进程与结构关系的一系列各不相同的图形,用可视化技术描述知识资源及其载体,挖掘、分析、构建、绘制和显示知识及知识间的相互联系。信用知识图谱是一种用于展示信用知识发展进程与信用知识结构关系的可视化工具。

第三节　算法原理

基于百度大数据的社会信用知识图谱算法原理(见图2-4),即通过改进百度需求图谱算法,找出样本观测期内与目标中心词存在较高关联强度和热度的一组关联词,组建中心词的关联词库,然后在百度指数中采集关键词的搜索和资讯信息,将降噪处理后的信息用于趋势预测、词云分析等。

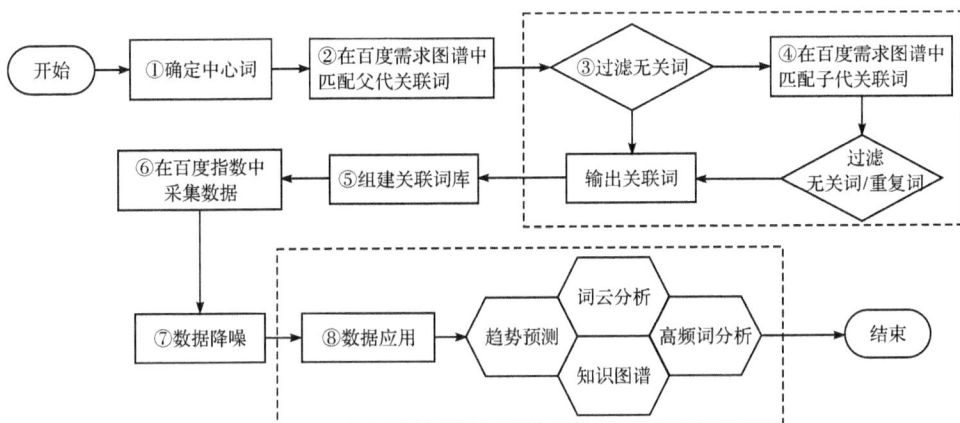

图2-4　基于百度大数据的社会信用知识图谱算法原理

第四节　算法步骤

一、确定中心词

根据研究对象和目标主题,确定一个或若干个中心关键词。

二、匹配父代关联词

围绕中心词,根据文本相关度或相似度,匹配得到第一代关联词。直接通过与中心词计算关联度并排序得到的关键词,称为父代关联词;通过与父代关联词再次进行匹配得到的关联词,称为子代关联词。子代关联词可以根据研究需要进一步匹配出它自己的子代关联词。

匹配关联词的关键在于计算与中心词的关联度,这主要通过分析文本间语义相似度或相关度来实现。文本的语义相似度和相关度既有关联又有区别。语义相似度是指两个概念间的相似程度,通常指两个概念本身之间具有某些共同特性;而语义相关度是指两个概念间的相关程度,这两个概念可能不存在相似关系,但可以通过与其他概念相关联形成相关关系。语义相似度是语义相关度的一种特例。陈二静等(2017)对文本相似度的计算方法进行了分类(见图2-5)。

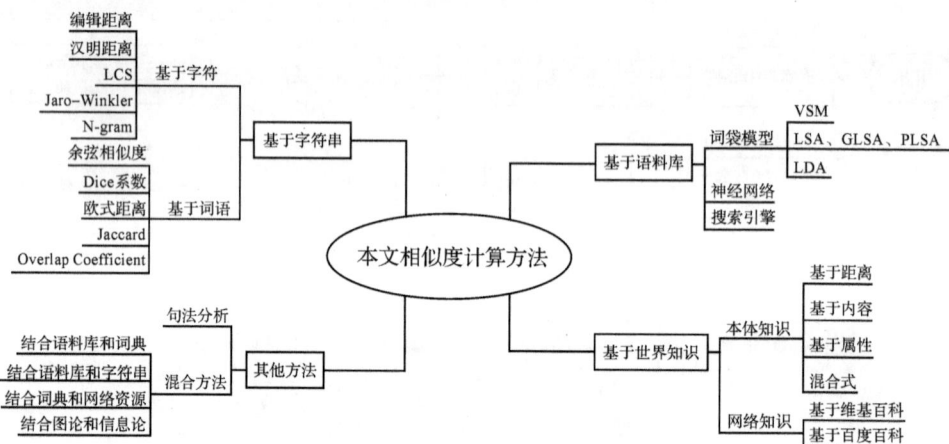

图2-5 文本相似度计算方法分类

在百度需求图谱工具中,主要通过综合计算关键词与相关词的相关程度,以及相关词自身的搜索需求大小得到关联词。

三、过滤无关词

用百度需求图谱匹配得到的关联词,由于受一段时期内用户搜索行为或其他干扰因素的影响,会出现与中心词并无关联的噪声词。这种噪声信号有多种来源:可能是用户的误操作,也可能是关键词广告营销推广,当然算法本身存在问题也是一个来源。

在大数据环境下,出现噪声词本身并不可怕,问题是如何进行净化。针对百度需求图谱中的噪声词,其中一种较为可行的解决方案是增加样本的观测周期。因为在大样本环境下,上述干扰因素会随着观测周期的增加而逐渐消失。此外,需要对百度需求图谱关联词匹配算法做进一步的改进,除了考虑搜索热度、搜索变化率、搜索相似度这些变量外,还可增加关键词在观测期内的曝光度,进而测算各代际关键词与中心词之间的关联强度,以关联强度作为过滤依据,实现对关键词的净化。关于详细的算法,将在下文的实证中予以介绍。

四、寻找子代关联词

可通过设置中心词与父代关联词的关联强度的阈值,完成第一批关联关键词的筛选。但仅仅用父代关联词作为词库还远远不够。我们希望能够扩大搜寻的范围,尽可能地找到更多的关联词,并将它们也一并纳入词库。因此,我们可以以父代关联词作为下一轮匹配的中心词,再次运用需求图谱搜索其子代关联词,并通过改良后的关联强度算法完成对子代关联词中噪声词的淘汰。理论上,代际间隔越远,与中心词的关联性就越弱。因此,我们需要设定一定的关联强度的综合阈值,当阈值低于某一水平后,就终止寻找。

五、组建词库

将寻找得到的全部关键词,包括中心词、父代关联词和子代关联词,按照一定的规则分门别类,组建关联关键词词库,作为下一步研究的基础。当然,这中间还需要完成一些必要的工作。例如,剔除重复出现的关联词,依靠我们的主观经验对关键词再次进行"清洗",等等。

六、采集信息

在完成关键词词库组建后,接下去就是对每个关键词的信息进行采集。在百度指数工具中,目前可以采集到各关键词 2011 年以来每天的搜索指数序列和 2017 年以来每天的资讯指数序列。

七、数据降噪

互联网用户的搜索行为具有很强的季节性,例如,法定节假日时,一些关键词的搜索量和资讯量显著低于工作日。因此,如果需要对关键词进行趋势预测,最好做一些数据的降噪处理。例如,做短期预测时,运用统计学中的移动平均技术来做数据平滑;做长期预测时,则可以以年为单位来进行统计,以消除季节性的干扰。

八、数据应用

在完成关键词信息的采集和降噪处理之后,便可以围绕关键词,对研究现象进行分析与应用。例如,结合各关键词的搜索热度、资讯热度等进行词云分析;通过对关键词的搜索量和资讯量的聚合,对一段时间内的高频关键词及其变化规律进行研究,用以分析用户搜索行为的变化;通过对关联词之间内在联系的分析,绘制知识图谱,等等。

第五节　算法应用示例

一、确定中心词

确定唯一的中心词"信用"作为初始检索的关键词。

二、匹配父代关键词

借助百度指数的需求图谱工具来匹配"信用"的父代关键词。父代关键词是指直接以中心词匹配检索得到的关键词。具体做法是:在百度需求图谱工具中,以中心词"信用"作为关键词,以 7 天作为一个周期进行循环匹配,由需求图谱根据用户在该时间段内搜索行为变化所表现出来的相关检索词需求,综合计算中心关键词与相关词的搜索相似度,按照搜索相似度由高到低排序得到一组关键词清单(见图 2-6)。

根据图 2-6,在 2020 年 12 月 7 日至 12 月 13 日这一周内,用户以"信用"作为中心关键词,在百度需求图谱中检索得到搜索相似度最高的 30 个相关词结果。图中,离圆心即中心词"信用"距离越近,表示搜索相似度越高,越远则表示搜索相似度越低;圆点面积越大,表示搜索热度越高,越小则表示搜索热度越低。

表 2-1 为图 2-6 所示百度需求图谱中 30 个与中心词"信用"搜索相似度

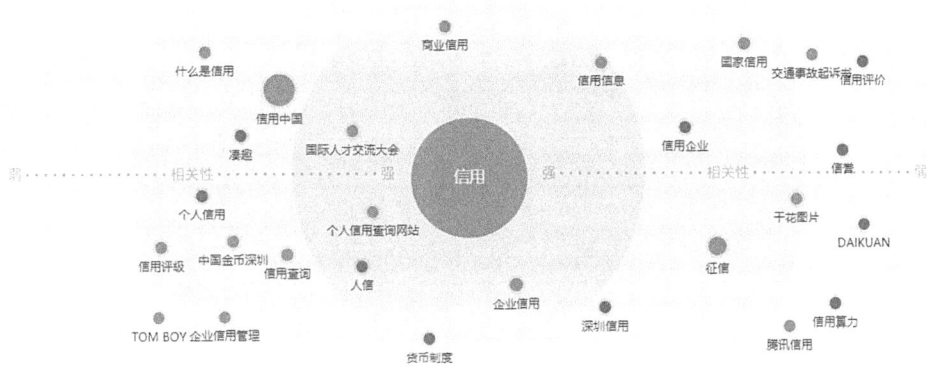

图 2-6　"信用"的百度需求图谱(2020 年 12 月 7 日至 12 月 13 日)①

最高的关键词,主要根据这些词与"信用"一词两两之间的搜索相似度②,以及各词的搜索热度③、搜索变化率④统计得到。

表 2-1　与"信用"搜索相似度最高的 30 个关键词

关键词	搜索热度	搜索变化率	搜索相似度
信用中国	272458	108	580
征信	89688	107	491
企业信用	18618	104	1004
失信	11550	107	292
国家信用	6448	109	388
信用查询	6380	106	587
特许经营	3564	110	294
腾讯信用	2610	118	320
信用评级	2552	108	385
信誉	2252	100	316

① 网络自动生成的图谱只截取了 27 个关键词,实际应有 30 个。

② 通过词语向量化来计算两个词之间的相似度。

③ 搜索热度反映了中心词相关搜索关键词汇总,综合计算汇总词的搜索指数,并以此降序排名。

④ 搜索变化率反映了中心词相关搜索关键词汇总,综合计算汇总词的环比变化率,并以变化率的绝对值降序排名。

续表

关键词	搜索热度	搜索变化率	搜索相似度
个人信用	1924	100	465
商业信用	1774	119	635
信用信息	902	103	604
企业信用贷款	710	135	265
信用评价	698	97	265
货币制度	672	95	632
深圳信用	606	92	592
什么是信用	424	155	427
交通事故起诉书	420	107	320
TOM BOY	418	148	343
干花图片	240	101	383
企业信用管理	210	122	453
信用算力	172	88	287
凑趣	148	88	569
信用企业	88	70	573
人信	76	83	750
DAIKUAN	68	56	274
中国金币深圳	50	114	497
国际人才交流大会	28	233	939
个人信用查询网站	12	200	1282

三、过滤无关词

过滤无关词是针对中心词的一次小范围的关联性匹配,用于解决以下两个问题。

(一)掺入了无关的噪声词

匹配得到的父代关键词中往往由于一些用户的随意搜索行为而存在一定比例的噪声词。这些噪声词与中心词之间事实上并不存在关联性,而仅仅是靠"运气"进入了关键词清单。例如,在表 2-1 这 30 个"信用"的父代关键词中,需求图谱匹配到了相当部分与目标词"信用"在内涵或外延上可能存在关联性的关联关键词,如"信用中国""征信""企业信用""失信"等,但也存在一些与"信用"疑似无关的噪声词,如"特许经营""交通事故起诉书""TOM BOY""干花图片""凑趣""中国金币深圳""国际人才交流大会"等。但关联性验证必须建立在科学的判断规则之上,以避免犯下经验主义的错误。

（二）遗漏了重要的相关词

由于需求图谱只给出一段时间内与中心词搜索相似度最高的 30 个关键词,数量极其有限,显然不够全面;同时,仅考虑搜索相似度还不够,因为即使搜索相似度很高,若该关联关键词缺乏足够的曝光度,即意味着不具备实际应用价值。

因此,必须找到一种合理的关联规则,既能找到更多与之关联的关键词,且这些关键词自身也有足够的曝光度,同时又能过滤掉仅靠"运气"进入关联词清单的无关词。

我们给出的解决方案是利用百度需求图谱在更长时间范围内对中心词进行重复多轮匹配,通过扩大目标中心词"信用"的观测周期并增加观测次数,然后分别计算出各关键词与中心词的关联强度,以此作为检验的标准。

某关键词与中心词之间的关联强度计算公式如下:

$$关联强度 = 总曝光度 \times 总搜索相似度^{W_1} \times 总搜索热度^{W_2}$$

$$式中,总曝光度 = \frac{曝光次数}{匹配次数} = \frac{\sum_{i=1}^{n} I_A(i)}{n};$$

$$I_A(i) = \begin{cases} 1, 第\ i\ 次检索得到关键词集合\ A\ 中包含该关键词 \\ 0, 第\ i\ 次检索得到关键词集合\ A\ 中不包含该关键词 \end{cases};$$

$$总搜索相似度 = \ln\sum_{i=1}^{n} 搜索相似度_i, 总搜索热度 = \ln\sum_{i=1}^{n} 搜索热度_i;$$

W_1 和 W_2 为权重调节系数,$W_1 + W_2 = 1$。

具体实现方式如下。

1. 测算各关键词与中心词的总曝光度

以 2020 年一年(具体指 2020 年 1 月 13 日至 2021 年 1 月 10 日)为观测周期,对中心词"信用"以每周为 1 个观测单位,连续在百度指数需求图谱中进行

50 次匹配,共得到 746 个关键词。这些词出现的次数(曝光次数)是不一样的。例如,与"信用"一词的 50 次关联词匹配中,"诚信""信用查询""个人信用""企业信用""信誉""信用中国""征信"7 个词出现次数超过或等于 40 次,其中"诚信"和"信用查询"均出现了 46 次,出现次数越多,说明总曝光度越高。关联词的总曝光度反映了其与中心词在观测周期内的搜索关联程度。总曝光度越高,表明两者的搜索关联程度越高;总曝光度越低,表明两者的搜索关联程度越低,或者无关联。

2. 测算各关键词与中心词的总搜索相似度和总搜索热度

各关键词的总搜索相似度越大,表明各关键词与中心词之间的搜索关联性越强;各关键词的总搜索热度越高,表明其对中心词的地位越重要。我们通过计算上述各关键词在 50 次匹配中的累计搜索热度和累计搜索相似度,并对各关键词的累计搜索热度值和累计相似度值取自然对数,最后,按照关联强度公式计算得到各关键词与"中心词"的关联强度结果并排序(见表 2-2)。其中权重设定为

$$W_1 = \frac{2}{3}, W_2 = \frac{1}{3}$$

我们设定关联强度的阈值为 1,过滤掉阈值<1 的关键词,将阈值≥1 的关键词作为中心词"信用"的关联关键词。根据表 2-2,该关联关键词清单总共包含 28 个词。

表 2-2 按照关联强度排序的"信用"关键词(2020 年 1 月 13 日至 2021 年 1 月 10 日)

编号	关键词	曝光次数/次	曝光度	累计搜索热度	累计搜索相似度	ln(累计搜索热度)	ln(累计搜索相似度)	关联强度
1	诚信	46	0.92	1608334	22235	14.29	10.01	10.37
2	企业信用	45	0.9	981618	30418	13.80	10.32	10.23
3	信用查询	46	0.92	281756	29166	12.55	10.28	10.11
4	个人信用	45	0.9	135658	29558	11.82	10.29	9.70
5	信用中国	40	0.8	8464192	17864	15.95	9.79	9.22
6	信誉	42	0.84	99578	29287	11.51	10.28	8.97
7	征信	40	0.8	3689076	14631	15.12	9.59	8.93

编号	关键词	曝光次数/次	曝光度	累计搜索热度	累计搜索相似度	ln(累计搜索热度)	ln(累计搜索相似度)	关联强度
8	商业信用	39	0.78	63004	24589	11.05	10.11	8.12
9	国家信用	31	0.62	231534	16819	12.35	9.73	6.53
10	什么是信用	27	0.54	9260	20733	9.13	9.94	5.22
11	信用企业	19	0.38	2266	10841	7.73	9.29	3.32
12	信用评价	17	0.34	8506	8039	9.05	8.99	3.06
13	信任	15	0.3	158934	5606	11.98	8.63	2.89
14	信用网	15	0.3	57482	5680	10.96	8.64	2.81
15	腾讯信用	15	0.3	33784	5946	10.43	8.69	2.77
16	货币制度	15	0.3	10662	7325	9.27	8.90	2.71
17	信用管理	15	0.3	15544	6070	9.65	8.71	2.70
18	守信用	15	0.3	7672	7983	8.95	8.99	2.69
19	信用风险	13	0.26	30632	5846	10.33	8.67	2.39
20	守信	13	0.26	10572	5188	9.27	8.55	2.28
21	深圳信用	13	0.26	8920	5557	9.10	8.62	2.28
22	信用报告	12	0.24	22230	4551	10.01	8.42	2.14
23	信用评级	11	0.22	24418	4281	10.10	8.36	1.96
24	信用信息	11	0.22	10902	5476	9.30	8.61	1.94
25	信用评估	10	0.2	3420	4804	8.14	8.48	1.67
26	失信	9	0.18	96784	2798	11.48	7.94	1.62
27	淘宝信用	7	0.14	2784	3628	7.93	8.20	1.14
28	格雷欣法则	6	0.12	15346	3484	9.64	8.16	1.03
29	信贷风险	6	0.12	3708	3102	8.22	8.04	0.97
30	个人信用查询	5	0.1	17088	1682	9.75	7.43	0.81
31	信贷	5	0.1	23894	1415	10.08	7.25	0.81
32	金融市场	5	0.1	15056	1666	9.62	7.42	0.81

续表

编号	关键词	曝光次数/次	曝光度	累计搜索热度	累计搜索相似度	ln(累计搜索热度)	ln(累计搜索相似度)	关联强度
33	货币供给	5	0.1	5546	2223	8.62	7.71	0.80
34	讲诚信	5	0.1	1580	1836	7.37	7.52	0.75
35	信用证明	5	0.1	828	2020	6.72	7.61	0.73
36	直接融资	4	0.08	9442	1413	9.15	7.25	0.63
37	信用记录	4	0.08	1744	2232	7.46	7.71	0.61
38	经济参考报电子版	4	0.08	358	3113	5.88	8.04	0.58
39	直接标价法	3	0.06	12662	1539	9.45	7.34	0.48
40	流动性陷阱	3	0.06	16914	1215	9.74	7.10	0.47
41	人无信不立	3	0.06	7246	1248	8.89	7.13	0.46
42	诚信表达的内涵是	3	0.06	2072	1750	7.64	7.47	0.45
43	扩大再生产	3	0.06	1440	1604	7.27	7.38	0.44
44	金融市场的功能	3	0.06	2194	1150	7.69	7.05	0.44
45	四川信用	3	0.06	1056	1467	6.96	7.29	0.43
46	公信	3	0.06	1440	1080	7.27	6.98	0.42
47	征信机构	3	0.06	1160	1193	7.06	7.08	0.42
48	蘑菇信用	3	0.06	652	1518	6.48	7.33	0.42
49	股票名词解释	3	0.06	1060	1127	6.97	7.03	0.42
50	信用咨询	3	0.06	86	3512	4.45	8.16	0.40
⋮	⋮	⋮	⋮	⋮	⋮	⋮	⋮	⋮
746	物流管理咨询	1	0.02	2	921	0.69	6.83	0.06

四、寻找子代关联词

在筛选出父代关联关键词的基础上,将得到的每个关键词再次作为下一轮的中心词,匹配得到下一代关键词(子代关键词),通过测算子代关键词与父代关键词的曝光度、累计搜索热度、累计搜索相似度,计算得到子代关键词的关联强度,并以此为依据筛选出子代关联关键词。取父代关键词中关联强度≥1的

28 个关键词进行子代关联关键词的匹配,其中除 6 个关联关键词未被百度需求图谱收录或收录数量不全外,其余 22 个关键词匹配得到的关联词结果见表2-3,其中子代关键词和下一代关键词(子代的子代)的关联强度阈值仍然设定为 1。

表 2-3　用父代关联词匹配得到的子代"信用"关联词(2020 年 1 月 13 日至 2021 年 1 月 10 日)

编号	父代关联关键词	子代关联关键词(关联强度≥1)	数量/个
1	诚信	诚信作文、诚信的故事、诚信的重要性、友善、诚信的名言、敬业、诚信手抄报、诚实、诚信故事、人无信不立、企业诚信、诚信教育、诚信小故事、诚实守信、诚信考试、诚信的名言警句、诚信演讲稿、诚信论文、诚信名言、信用、诚信为本、诚信文章、诚信的作文、大学生诚信、关于诚信的故事、讲诚信、守信、诚信作文、诚信做人、诚信征文、关于诚信、诚信企业、诚心、诚、关于诚信的演讲稿、网络诚信、诚信贷款、关于诚信的作文、社会诚信、诚信是金、平等、信誉、关于诚信的文章、诚信宣言、爱国、人无信则不立	46
2	企业信用	企业信用查询、企业信用信息公示系统、北京企业信用、信用、国家企业信用、百度企业信用、企业信用信息、上海企业信用、企业信用信息查询系统、企业信息、全国企业信用、百度企业信用查询、企查查、企业征信、企业、企业信用报告、天眼查、SITE:WWW.GSXT.GOV.CN、国家企业信用公示系统、国家信用、国家企业信用信息公示系统、中国企业信用、企业信用网、国家企业信用信息公示系统官网、国家企业信用信息公示系统(全国)、信用企业、企业信用评价、企业信用管理、国家企业信用公示信息系统(全国)、企业信用查询系统、百度信誉	31
3	信用查询	企业信用查询、信用、个人信用查询、征信查询、中国人民银行征信中心、个人征信中心官网查询、征信中心个人信用查询、企业信用查询系统、个人信用查询系统、个人征信查询、手机个人征信查询、信用中国、淘宝信用查询、个人信用记录网上查询、在线查询个人信用、天下信用、征信中心、个人征信、信用查询网、个人信用、信用卡查询、信用记录查询、信用记录、信用报告、蘑菇信用、个人信用查询官网、北京企业信用查询	27
4	个人信用	个人信用查询、个人征信、个人信用信息服务平台、个人信用报告、信用、个人信用查询系统、个人信用信息、个人信用报告查询、个人信用记录、征信、个人信用记录网上查询、信用查询、个人信息、个人信用贷款、个人征信中心官网查询、个人征信查询、信用报告、个人征信系统、征信系统、天下信用、个人征信网上查询系统、个人征信报告、商业信用、征信中心个人信用查询、信用记录、国家信用、征信机构、征信业管理条例	28

续表

编号	父代关联关键词	子代关联关键词（关联强度≥1）	数量/个
5	信用中国	中国裁判文书网、国家企业信用信息公示系统、全国企业信用信息公示系统、裁判文书网、政府采购网、中国执行信息公开网、企业信用信息公示系统、失信被执行人、全国建筑市场监管公共服务平台、信用辽宁、信用浙江、信用中国官网、国家信用信息公示系统、天眼查、政府采购、信用、中国采购网、信用中国网、国家企业信用公示系统、国家公共信用信息中心、信用福建、全国法院失信被执行人名单信息公布与查询、信用报告、国家企业信用、企业信用报告、企查查、企业信用档案、执行信息公开网、湖南信用网、信用中国栏目组、国家企业信息公示系统（全国）、信用证明、国家企业信用公示信息系统（全国）、裁判文书、国家企业信息公示系统、诚信苏州、信用信息、全国企业信用信息查询系统、全国信用信息公示系统	39
6	信誉	淘宝信誉、信用、百度信誉、诚信、信任、名誉、信誉度查询、誉、威信、良心、信誉查询、新余、信誉好、荣誉、信誉等级、商誉、淘宝信誉查询、诚实、公信力、诚信为本、信赖、信誉楼、人无信则不立	23
7	征信	征信中心个人信用查询、征信查询、怎么查询个人征信、个人征信、中国人民银行征信中心、征信报告、征信中心、征信怎么查、个人征信中心官网查询、个人征信查询、手机个人征信查询、征信逾期记录多久消除、个人信用记录、查征信、企业征信、个人征信网上查询、信用、个人征信如何查询、征信查询网上查询、征信系统、征信网、征信管理条例、二代征信、百行征信、真心、人行征信中心个人查询、央行征信中心、征信报告去哪里打、深圳前海微众银行股份有限公司、征信机构、花呗上征信	31
8	商业信用	信用、国家信用、直接融资、格雷欣法则、商业本票、融资租赁、补偿性余额、货币制度、发行债券、赊销、财务杠杆、资本结构、借贷资本、国际收支、同业拆借市场、银行信贷、贸易信贷、发行股票、保理业务、货币政策、短期融资券、支付手段、汇票、财务风险、投资基金、可转换债券、债务融资、回购协议、商业汇票、基础货币、什么是信用、利率市场化、信用风险、实际利率、出口信贷、直接标价法、金融市场、承兑、内含报酬率、货币供给、准货币、权益资本、本票、留存收益、公开市场业务	45
9	国家信用	无收录	
10	什么是信用	收录不全	
11	信用企业	收录不全	
12	信用评价	信用评级、企业信用评价、信用、信用中国、信用评估、企业信用、信用管理、个人信用	8

编号	父代关联 关键词	子代关联关键词(关联强度≥1)	数量 /个
13	信任	信任是什么、信任作文、信任英文、信赖、相信、新人、信任的力量、信任电影、人与人之间的信任、信任危机、信任的名言、信任的近义词、信任 陈奕迅、猎狼连线、尊重、互信、信任 豆瓣、信任作文、猎狼联线、信用、信誉、丽亚娜·莱伯拉托、获得信任、信任背摔、信任的进化、彼此信任、信心、信任的反义词、诚信、真诚	30
14	信用网	深圳信用网、信用网查询、广东信用网、企业信用网、全国信用网、四川信用网、宁波信用网、成都信用网、湖南信用网、上海信用网、广州信用网、北京信用网、浙江信用网、信用、深圳市市场监督管理局、深圳市场监督管理局、诚信网、成都信用、深圳市信用网、信用查询网、足球信用网、征信网、杭州建设信用网、深圳信用、全国企业信息查询官网、信用宁波网、四川信用	27
15	腾讯信用	腾讯信用分、腾讯游戏信用、腾讯信用分怎么查询、腾讯征信、芝麻信用、腾讯游戏信用分、信用、腾讯游戏安全中心、腾讯安全中心、峡谷之巅、鹏元征信、前海征信、考拉征信、腾讯安全、百行征信、DNF 制裁查询、DNF 论坛、封号查询、华道征信、心悦、微信支付分、DNF 安全模式解除、DNF 搬砖、安全中心	24
16	货币制度	格雷欣法则、金本位制、货币的职能、货币、金本位、准货币、辅币、劣币驱逐良币、商业信用、支付手段、国际货币体系、布雷顿森林体系、信用、牙买加体系、电子货币、特里芬难题、广义货币、货币政策、一般等价物、直接融资、货币的本质、货币的基本职能、流动性、金融市场、世界货币、基础货币、日本负利率、铸币税、货币乘数、同业拆借市场、国家信用、金融工具、直接标价法、中央银行、实际利率、公开市场业务、货币供给、回购协议、中间业务、货币政策工具、资本市场、纸币、金融市场的功能、流动性陷阱、金融创新、金本位制度、利息、金融衍生工具、票据贴现、布雷顿森林体系的主要内容	50
17	信用管理	信用管理专业、企业信用管理、信用管理师、保险学、金融工程、投资学、经济与金融、金融学、信用、贸易经济、信用风险管理、信用风险、财政学、税收学、精算学、信用管理公司、信用评级、农村金融、经济统计学、应收账款管理、金融数学、国际经济与贸易、财务管理、资产评估、投资与理财、风险管理	26
18	守信用	收录不全	

续表

编号	父代关联 关键词	子代关联关键词（关联强度≥1）	数量 /个
19	信用风险	利率风险、银行信用风险、信用风险管理、金融风险、信贷风险、道德风险、财务风险、政策风险、信用风险定义、商业银行信用风险、系统性风险、投资风险、信用风险缓释工具、外汇风险、风险、信用风险敞口、行业风险、银行风险、信用评级、信用、信用风险缓释凭证、金融风险管理、信用管理、中间业务、巴塞尔协议、商业信用、流动性风险管理、银行风险管理、全面风险管理、风险对冲	30
20	守信	诚实、诚信、诚实守信、手信、信用、正直、首信、真诚、守时、契约精神、守信用、信守承诺、授信、务实、诚实守信的名言、宽容、吴起守信、守信的故事、守约、承诺、失信、人无信不立、笃信、守信用的名言、忠诚、手心、诚实守信手抄报、敬业	28
21	深圳信用	深圳信用网、深圳市市场监督管理局、信用、深圳市场监督管理局、国家信用、信用中国、深圳工商、深圳税务、深圳国税、企查查、信用网、企业信用、深圳社保、成都信用、深圳工商局、深圳工商局官网、深圳税务局、国家信用信息公示系统、全国法院、天眼查、天眼、深圳信息	22
22	信用报告	企业信用报告、信用报告网上查询、个人信用报告、信用中国、征信报告、公司信用报告、信用报告查询、个人征信报告、信用、个人信用报告查询、信用辽宁、个人信用、诚信承诺书、资信证明、信报、征信、信用查询、信用记录、天下信用、征信业管理条例、征信机构、企业征信、信用评级、个人信用查询、中国人民银行征信中心、个人信用记录、征信中心	27
23	信用评级	信用评级机构、债券信用评级、评级、信用评级公司、信用评价、中诚信、标普信用评级、信用评估、评级机构、资信评级、中国信用评级、主权信用评级、穆迪评级、企业评级、标准普尔评级、大公国际、国家主权信用评级、穆迪、中诚信国际、大公国际资信评估有限公司、标普评级、信用风险、标准普尔、信用、信用认证、信用调查、穆迪公司、信用管理、标普、企业信用评价、惠誉国际、标准普尔公司、惠誉评级、信用评估机构、信用报告	35
24	信用信息	信用中国、企业信用信息、信用、国家信用信息公示系统、国家企业信用信息公示系统、个人信用信息、企查查、全国信用信息公示系统、征信业管理条例、全国企业信息查询官网、被执行人、失信、国家信用、企业信用信息公示系统、全国企业信息、天眼查、征信管理条例、失信被执行人、信用查询、企业信用、工商信息、国家企业信用、裁判文书	23
25	信用评估	收录不全	

编号	父代关联关键词	子代关联关键词(关联强度≥1)	数量/个
26	失信	失信被执行人、公告网、失信人员名单查询系统、失信名单、人民法院公告网、失信人、裁判文书、被执行、执行、老赖、裁判文书网、实心、被执行人、失信人员黑名单查询、失信被执行人名单查询系统、信用、失信网、失信网个人信用查询官网、失信黑名单、征信、失信人查询系统官网、裁判、万村联网、广州市红盾网、食言、法院公告网、失信被执行人查询系统、限制高消费令	28
27	淘宝信用	收录不全(淘宝、淘宝买家信用、淘宝信用等级、淘宝信誉查询、淘宝网、淘宝信誉、淘宝信用查询、淘宝卖家信用)	
28	格雷欣法则	劣币驱逐良币、特里芬难题、货币制度、准货币、辅币、布雷顿森林体系、金本位制、商业信用、支付手段、米德冲突、牙买加体系、流动性陷阱、辛普森悖论、特里芬两难、货币的职能、基础货币、广义货币、流动性、铸币税、直接融资、费雪效应、直接标价法、投资基金、海潮效应、国际金本位制、隔夜拆借利率、存款保险制度、货币的基本职能、货币的本质、公开市场业务、金融工具、电子货币、实际利率、表外业务、再贴现、期权合约、逆向选择、货币乘数、通货、股票名词解释、庇古效应、信用、国际收支、凯恩斯货币需求理论、回购协议、利率市场化、股票与债券的区别	47

理论上,我们还可以继续重复上述匹配操作,不断用上一代关键词迭代出下一代关键词。由于代际间隔越远,得到的下一代关键词与最初始的中心词的关联强度越低,因此我们只收录了两代关键词。

五、组建词库

我们用前面得到的关联关键词,组建中心词"信用"的关键词词库。词库组建包括以下三步。

第一步,剔除重复出现的关联关键词,以保证词库中每个关键词的唯一性。

第二步,清洗噪声词。尽管通过设置较大的关联强度阈值可以过滤掉大多数无关词,但仍然会有少量的噪声词进入关联关键词清单,如"手信""首信""手心"等,由于其发音与"守信"完全相似,因此关联强度较高。尽管我们有理由认为部分百度用户的确在搜索"守信"时因误输入了"手信""首信""手心",从而造成了它们之间的关联性,但这些词本质上与"守信"无关,所以我们将这样的关键词作为"噪声"进行清理。

第三步,将清洗后的关键词按照一定的标准进行分类,按照类别建立不同词库。根据实际检索得到的关键词的情况来看,主要从诚信价值观、诚信文化与教育、诚信宣传、央行征信、公共信用、商业信用、信用应用、失信治理、信用风险、信用货币十个方面组建了"信用"关联关键词词库(见表2-4),该词库总共包含468个关键词。

表2-4 "信用"关联关键词词库

分类	关联关键词词库
诚信价值观 (47个)	尊重、忠诚、正直、真心、真诚、誉、友善、信誉楼、信誉好、信誉、信用、信心、信守承诺、信任、信赖、相信、务实、威信、网络诚信、守约、守信用、守信、守时、社会诚信、商誉、荣誉、人与人之间的信任、契约精神、平等、名誉、良心、宽容、敬业、讲诚信、获得信任、互信、公信力、笃信、诚信做人、诚信、诚心、诚实守信、诚实、诚、承诺、彼此信任、爱国
诚信文化 与教育 (65个)	关于诚信的作文、关于诚信的演讲稿、关于诚信的文章、关于诚信的故事、关于诚信、大学生诚信、诚信作文、诚信征文、诚信演讲稿、诚信宣言、诚信小故事、诚信文章、诚信为本、诚信手抄报、诚信是金、诚信企业、诚信名言、诚信论文、诚信考试、诚信故事、诚信的作文、诚信的重要性、诚信的名言警句、诚信的名言、诚信的故事、诚信承诺书、诚信 作文、诚实守信手抄报、诚实守信的名言、守信用的名言、守信的故事、什么是信用、人无信则不立、人无信不立、信任作文、信任英文、信任危机、信任是什么、信任电影、信任的名言、信任的力量、信任的进化、信任的近义词、信任的反义词、信任 作文、吴起守信、股票与债券的区别、股票名词解释、诚信教育、信用管理专业、信用管理师、投资与理财、投资学、税收学、精算学、经济与金融、经济统计学、金融学、金融数学、金融市场的功能、金融工程、国际经济与贸易、财政学、财务管理、保险学
诚信宣传 (34个)	信用中国、信用中国网、信用中国栏目组、信用中国官网、中国企业信用、浙江信用网、信用浙江、信用网查询、信用网、信用宁波网、信用辽宁、信用福建、信用查询网、四川信用网、四川信用、深圳信用网、深圳信用、深圳市信用网、上海信用网、上海企业信用、企业信用网、宁波信用网、湖南信用网、广州信用网、广州市红盾网、广东信用网、诚信网、诚信苏州、成都信用网、成都信用、北京信用网、北京企业信用查询、北京企业信用、足球信用网
央行征信 (30个)	征信、中国人民银行征信中心、征信中心个人信用查询、征信中心、征信怎么查、征信逾期记录多久消除、征信业管理条例、征信系统、征信网、征信机构、征信管理条例、征信查询网上查询、征信查询、征信报告去哪里打、征信报告、怎么查询个人征信、央行征信中心、人行征信中心个人查询、企业征信、花呗上征信、个人征信中心官网查询、个人征信系统、个人征信网上查询系统、个人征信网上查询、个人征信如何查询、个人征信查询、个人征信报告、个人征信、二代征信、查征信

分类	关联关键词库
公共信用 （38个）	国家信用信息公示系统、国家企业信用信息公示系统官网、国家企业信用信息公示系统查询、国家企业信用信息公示系统（全国）、国家企业信用信息公示系统、国家企业信用公示信息系统（全国）、国家企业信用公示系统、国家企业信息公示系统（全国）、国家企业信息公示系统、国家公共信用信息中心、全国信用信息公示系统、全国信用网、全国企业信用信息公示系统、全国企业信用信息查询系统、全国企业信用信息、全国企业信用、全国企业信息查询官网、全国建筑市场监管公共服务平台、企业信用信息公示系统、企业信用信息查询系统、工商信息、个人信用信息服务平台、个人信用查询系统、个人信用查询官网、中国采购网、政府采购网、政府采购、深圳信息、深圳税务局、深圳税务、深圳市市场监督管理局、深圳市场监督管理局、深圳社保、深圳国税、深圳工商局官网、深圳工商局、深圳工商、杭州建设信用网
商业信用 （44个）	天眼查、企查查、中诚信国际、中诚信、芝麻信用、信用评级机构、信用评级公司、信用评估机构、信用管理公司、天下信用、腾讯征信、腾讯游戏安全中心、腾讯信用、腾讯安全中心、天眼、腾讯安全、淘宝信誉、淘宝信用、深圳前海微众银行股份有限公司、前海征信、企业信用、企业、评级机构、鹏元征信、穆迪评级、穆迪公司、穆迪、蘑菇信用、考拉征信、惠誉评级、惠誉国际、华道征信、个人信用、大公国际资信评估有限公司、大公国际、标准普尔公司、标准普尔、标普信用评级、标普评级、标普、百行征信、百度信誉、百度企业信用查询、百度企业信用
信用应用 （103个）	资信证明、资信评级、资产评估、资本市场、资本结构、主权信用评级、中间业务、中国信用评级、直接融资、芝麻分、支付手段、债务融资、债券信用评级、在线查询个人信用、再贴现、应收账款管理、银行信贷、信誉度查询、信誉等级、信誉查询、信用证明、信用信息、信用认证、信用企业、信用评价、信用评级、信用评估、信用卡查询、信用记录查询、信用记录、信用管理、信用调查、信用查询、信用报告网上查询、信用报告查询、信用报告、微信支付分、投资基金、同业拆借市场、腾讯游戏信用分、腾讯游戏信用、腾讯信用分怎么查询、腾讯信用分、淘宝信誉查询、淘宝信用查询、授信、手机个人征信查询、赊销、商业信用、商业汇票、商业本票、融资租赁、权益资本、企业信用信息、企业信用评价、企业信用管理、企业信用档案、企业信用查询系统、企业信用查询、企业信用报告、企业信息、企业评级、企业诚信、期权合约、评级、票据贴现、农村金融、内含报酬率、贸易信贷、贸易经济、留存收益、可转换债券、金融衍生工具、金融市场、金融工具、金融创新、借贷资本、货币政策工具、汇票、回购协议、国家主权信用评级、国家信用、国际收支、公司信用报告、公开市场业务、个人信用信息、个人信用记录网上查询、个人信用记录、个人信用贷款、个人信用查询、个人信用报告查询、个人信用报告、个人信息、发行债券、发行股票、短期融资券、出口信贷、诚信贷款、承兑、标准普尔评级、本票、保理业务、财务杠杆

续表

分类	关联关键词库
失信治理 (31 个)	失信、失信人、失信名单、失信黑名单、中国执行信息公开网、执行信息公开网、执行、限制高消费令、失信网个人信用查询官网、失信网、失信人员名单查询系统、失信人员黑名单查询、失信人查询系统官网、失信被执行人名单查询系统、失信被执行人查询系统、失信被执行人、食言、人民法院公告网、全国法院失信被执行人名单信息公开、全国法院、老赖、国家企业信用、公告网、法院公告网、裁判文书网、裁判文书、裁判、被执行人、被执行、SITE:WWW.GSXT.GOV.CN、中国裁判文书网
信用风险 (28 个)	信用风险、银行信用风险、银行风险管理、银行风险、行业风险、信用风险缓释凭证、信用风险缓释工具、信用风险管理、信用风险定义、信用风险敞口、信贷风险、系统性风险、外汇风险、投资风险、政策风险、商业银行信用风险、全面风险管理、逆向选择、流动性风险管理、利率风险、金融风险管理、金融风险、风险管理、风险对冲、风险、道德风险、财务风险、安全中心
信用货币 (48 个)	准货币、铸币税、中央银行、纸币、直接标价法、一般等价物、牙买加体系、辛普森悖论、通货、特里芬难题、特里芬两难、世界货币、实际利率、日本负利率、米德冲突、流动性陷阱、流动性、劣币驱逐良币、利息、利率市场化、凯恩斯货币需求理论、金本位制度、金本位制、金本位、基础货币、货币制度、货币政策、货币供给、货币的职能、货币的基本职能、货币的本质、货币乘数、货币、国际金本位制、国际货币体系、广义货币、隔夜拆借利率、格雷欣法则、辅币、费雪效应、电子货币、存款保险制度、布雷顿森林体系的主要内容、布雷顿森林体系、补偿性余额、表外业务、庇古效应、巴塞尔协议
合计	468 个

六、采集信息

下面用爬虫软件逐一爬取词库中每个关键词在百度指数中的日搜索指数和日资讯指数。其中,日搜索指数的数据爬取范围为 2014 年 1 月 1 日至 2020 年 12 月 31 日,共 2555 天,同时包括 PC 指数和移动指数;日资讯指数的数据爬取范围为 2018 年 1 月 1 日至 2020 年 12 月 31 日,共 1095 天。如果该词尚未被百度收录,则直接予以剔除。表 2-5 是中心词"信用"在 2020 年 12 月百度指数中全国的日搜索指数(包含综合指数、PC 指数和移动指数)和日资讯指数。考虑到篇幅,其他关键词的信息不一一罗列。

表 2－5　2020 年 12 月"信用"的百度搜索指数和资讯指数

区域	日期	搜索指数	PC 指数	移动指数	资讯指数
全国	2020 年 12 月 01 日	756	352	404	10712
全国	2020 年 12 月 02 日	752	371	381	16898
全国	2020 年 12 月 03 日	669	302	367	8567
全国	2020 年 12 月 04 日	670	335	335	12224
全国	2020 年 12 月 05 日	510	163	347	34599
全国	2020 年 12 月 06 日	510	187	323	44249
全国	2020 年 12 月 07 日	762	378	384	33428
全国	2020 年 12 月 08 日	713	299	414	94494
全国	2020 年 12 月 09 日	799	400	399	72909
全国	2020 年 12 月 10 日	846	349	497	30544
全国	2020 年 12 月 11 日	683	307	376	19657
全国	2020 年 12 月 12 日	567	193	374	16639
全国	2020 年 12 月 13 日	654	215	439	12047
全国	2020 年 12 月 14 日	808	361	447	7002
全国	2020 年 12 月 15 日	748	344	404	11842
全国	2020 年 12 月 16 日	740	287	453	11104
全国	2020 年 12 月 17 日	700	309	391	12899
全国	2020 年 12 月 18 日	882	374	508	8784
全国	2020 年 12 月 19 日	539	170	369	5002
全国	2020 年 12 月 20 日	576	176	400	6114
全国	2020 年 12 月 21 日	772	371	401	7944
全国	2020 年 12 月 22 日	812	366	446	11602
全国	2020 年 12 月 23 日	780	333	447	43519
全国	2020 年 12 月 24 日	805	354	451	26084
全国	2020 年 12 月 25 日	839	391	448	16749
全国	2020 年 12 月 26 日	674	256	418	16494
全国	2020 年 12 月 27 日	712	254	458	17517
全国	2020 年 12 月 28 日	861	344	517	86134
全国	2020 年 12 月 29 日	877	405	472	50067
全国	2020 年 12 月 30 日	850	388	462	12924
全国	2020 年 12 月 31 日	640	293	347	19352

七、数据降噪

通过观察和分析大量的关键词指数序列,发现它们均具有明显的季节性特征,周末的搜索指数一般明显低于工作日,法定节假日(如春节、国庆节等)期间更是如此。图 2-6 是"信用"的百度搜索指数趋势,从中可以看出,在每年的国庆和春节假期,其搜索指数量均处于波谷。因此,可以以年为单位来平滑指数的周期性波动,即通过将各关键词的日搜索指数以年为单位进行加总,得到年搜索指数来进行趋势分析,从而降低数据的季节性噪声。

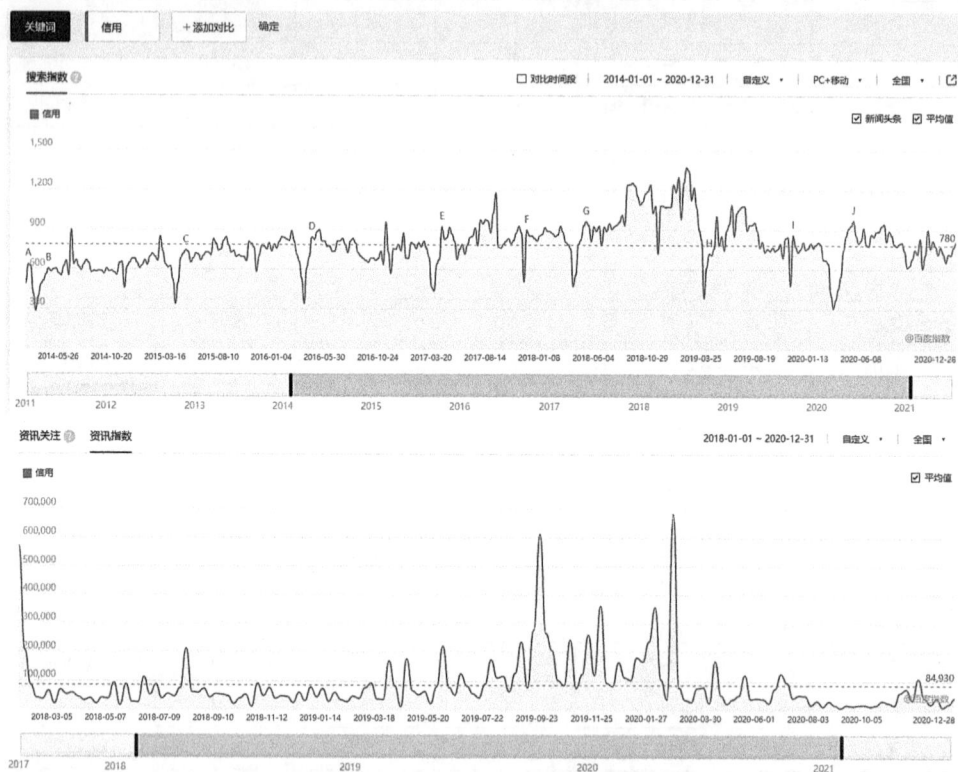

图 2-7 "信用"的搜索指数和资讯指数趋势

表 2-6 是"信用""征信""老赖"这三个关键词以年为单位得到的 2014—2020 年搜索指数和当年日均值,以及 2018—2020 年的年资讯指数和当年日均值。词库中其余关键词的指数统计结果可以用同样的方式获取和整理,限于篇幅,不再赘述。

表 2 - 6   "信用""征信""老赖"三个关键词的搜索指数和资讯指数统计

关键词	区域	年份	搜索指数总量	搜索指数日均值	资讯指数总量	资讯指数日均值
信用	全国	2014	218033	597	—	—
	全国	2015	262593	719	—	—
	全国	2016	271268	741	—	—
	全国	2017	299552	820	—	—
	全国	2018	364310	998	24030837	65838
	全国	2019	304566	834	44542924	122035
	全国	2020	275953	753	24637984	67501
征信	全国	2014	366401	1003	—	—
	全国	2015	691001	1893	—	—
	全国	2016	1003621	2742	—	—
	全国	2017	1765455	4836	—	—
	全国	2018	1748430	4790	13428363	36790
	全国	2019	2168811	5941	24558986	67285
	全国	2020	1455187	3975	18676381	51168
老赖	全国	2014	144670	396	—	—
	全国	2015	195697	536	—	—
	全国	2016	364187	995	—	—
	全国	2017	450022	1232	—	—
	全国	2018	498951	1366	218580512	598851
	全国	2019	519311	1422	474722457	1300609
	全国	2020	426498	1165	240151617	657950

八、数据应用

将得到的全部关键词和采集到的信息进行分析,用以绘制描述社会信用知识图谱。

第六节 社会信用知识图谱

一、"信用"关键词统计

2014—2020 年,共有 418 个"信用"热搜和资讯关键词,相关统计结果见表 2-7。经统计,每个关键词的日均搜索指数为 780 频次,全部关键词日搜索指数合计 334271 频次;每个关键词的日均资讯指数为 15025 频次,全部关键词的日资讯指数合计 6280276 频次。

表 2-7 "信用"关键词的百度指数统计

词库分类	关键词/个	搜索指数日均值/频次	搜索指数标准差/频次	搜索指数日合计值/频次	资讯指数日均值/频次	资讯指数标准差/频次	资讯指数日合计值/频次
诚信价值观	43	559	469	24034	6223	19617	267576
诚信文化与教育	63	392	433	24699	931	4285	58659
诚信宣传	28	443	576	12407	64	305	1784
央行征信	26	1474	1934	38326	9289	22417	241501
公共信用	32	1847	3520	59099	484	2653	15472
商业信用	46	2219	8056	102083	10097	52897	464481
信用应用	86	363	394	31176	7566	47617	650715
失信治理	24	862	1216	20683	38330	173542	919921
信用风险	26	258	375	6719	8027	32803	208705
信用货币	44	342	271	15045	78442	263193	3451462
全部	418	780	2967	334271	15025	101237	6280276

注:表中搜索指数统计的时间范围为 2014—2020 年,资讯指数统计的时间范围为 2018—2020 年。

二、"信用"高频词统计

(一)搜索类高频词

2014—2020 年,各分类词库中"信用"的搜索类高频词统计结果见表 2-8。

诚信价值观词库中的关键词为"诚信",诚信文化与教育词库中的关键词为"诚信的名言",诚信宣传词库中的关键词为"信用中国",央行征信词库中的关键词为"中国人民银行征信中心",公共信用词库中的关键词为"全国企业信用信息公示系统",商业信用词库中的关键词为"天眼查",信用应用词库中的关键词为"个人信用记录",失信治理词库中的关键词为"中国裁判文书网",信用风险词库中的关键词为"风险管理",信用货币词库中的关键词为"货币"。

表 2 - 8　2014—2020 年各分类词库中"信用"的搜索类高频词统计

编号	日均搜索指数 最高的关键词	日均搜索量 /频次	期间累计搜索量 /频次	所属词库
1	诚信	2151	5495805	诚信价值观
2	诚信的名言	1808	4619440	诚信文化与教育
3	信用中国	2934	7496370	诚信宣传
4	中国人民银行征信中心	7873	20115515	央行征信
5	全国企业信用信息公示系统	17690	45197950	公共信用
6	天眼查	45196	115475780	商业信用
7	个人信用记录	2411	6160105	信用应用
8	中国裁判文书网	4875	12455625	失信治理
9	风险管理	650	1660750	信用风险
10	货币	1444	3689420	信用货币

(二)资讯类高频词

2014—2020 年,各分类词库中"信用"的资讯类高频词统计结果见表 2 - 9。诚信价值观词库中的关键词为"信用",诚信文化与教育词库中的关键词为"信任危机",诚信宣传词库中的关键词为"信用中国",央行征信词库中的关键词为"个人征信",公共信用词库中的关键词为"政府采购",商业信用词库中的关键词为"芝麻信用",信用应用词库中的关键词为"资本市场",失信治理词库中的关键词为"老赖",信用风险词库中的关键词为"金融风险",信用货币词库中的关键词为"货币"。

表 2-9　2014—2020 年各分类词库中"信用"的资讯类高频词统计

编号	日均资讯指数 最高的关键词	日均资讯量 /频次	累计资讯量 /频次	词库
1	信用	85047	93126465	诚信价值观
2	信任危机	30831	33759945	诚信文化与教育
3	信用中国	1618	1771710	诚信宣传
4	个人征信	95645	104731275	央行征信
5	政府采购	15018	16444710	公共信用
6	芝麻信用	357120	391046400	商业信用
7	资本市场	438583	480248385	信用应用
8	老赖	851692	932602740	失信治理
9	金融风险	167772	183710340	信用风险
10	货币	1378079	1508996505	信用货币

三、"信用"词云分析

（一）全部关键词

用 418 个关键词根据其搜索热度绘制词云图（见图 2-8），其中"天眼查"

图 2-8　"信用"搜索指数关键词词云

"国家企业信用信息公示系统""企查查""中国人民银行征信中心"等关键词的搜索量最高。

用 418 个关键词根据其资讯热度绘制词云图(见图 2 - 9),其中"货币""老赖""个人征信""芝麻信用"等关键词的资讯量最高。

图 2 - 9　"信用"资讯指数关键词词云

(二)分词库

分词库绘制的"信用"关键词搜索指数词云如图 2 - 10 所示。

四、"信用"知识图谱分析

用关联强度和搜索指数作为绘制"信用"知识图谱的依据。关联强度越大,离中心词或父代关联词就越近,搜索指数越高,该词的图例就越大。仅包含父代关联词的"信用"知识图谱,以及包含两代关联词的"信用"知识图谱分别如图 2 - 11、图 2 - 12 所示。

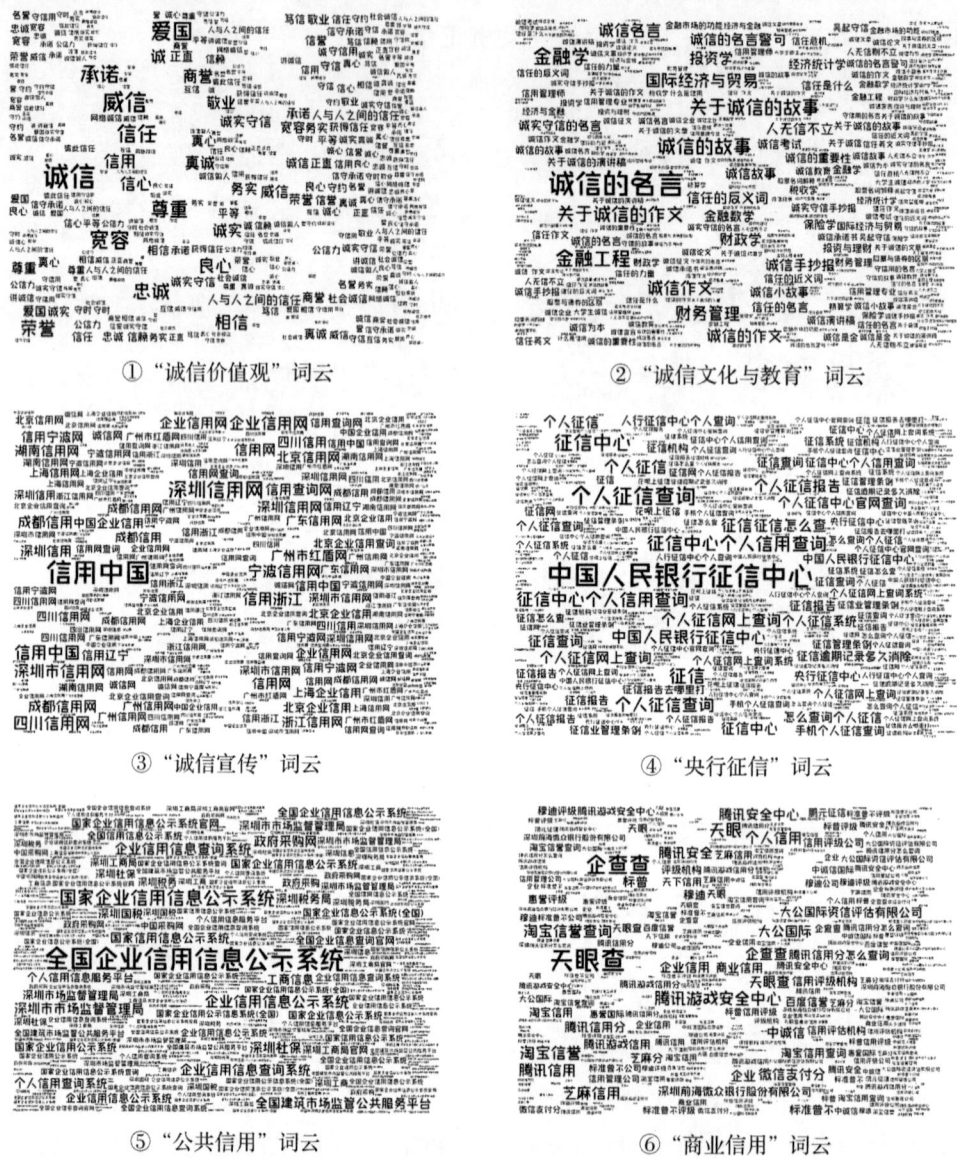

① "诚信价值观"词云

② "诚信文化与教育"词云

③ "诚信宣传"词云

④ "央行征信"词云

⑤ "公共信用"词云

⑥ "商业信用"词云

图 2-10 续图

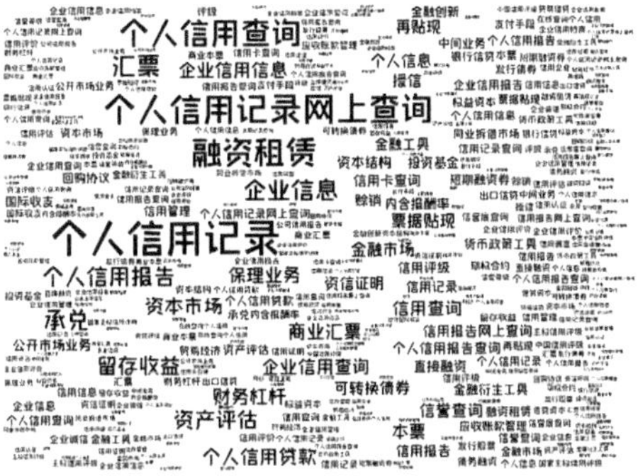

⑦ "信用应用" 词云

⑧ "失信治理" 词云

⑨ "信用风险" 词云

⑩ "信用货币" 词云

图 2-10 各分类词库中"信用"搜索指数关键词词云

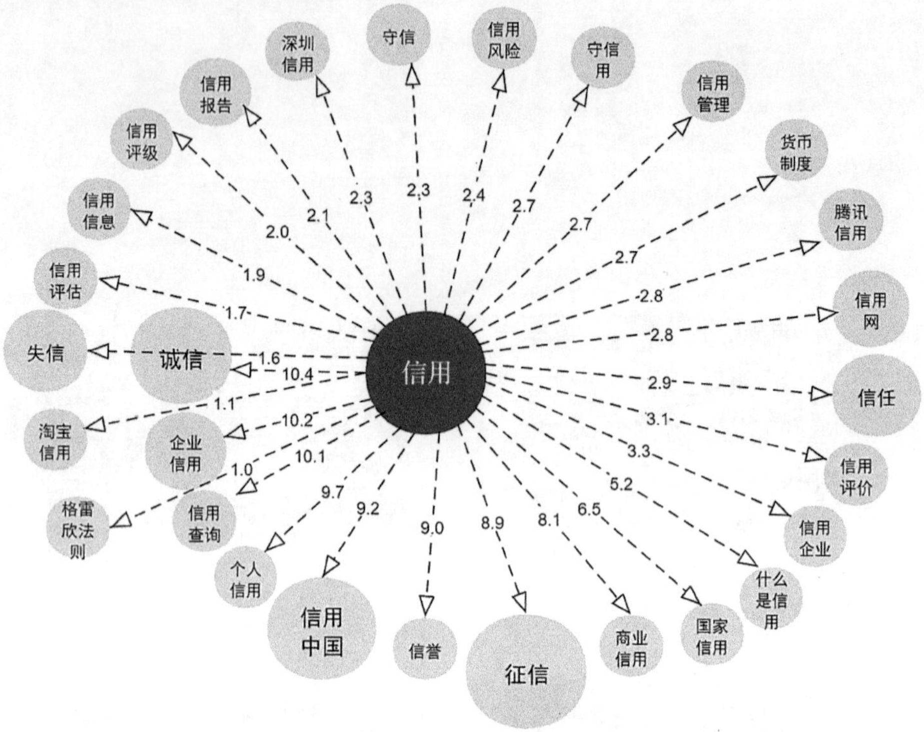

图 2-11　仅包含父代关联词的"信用"知识图谱

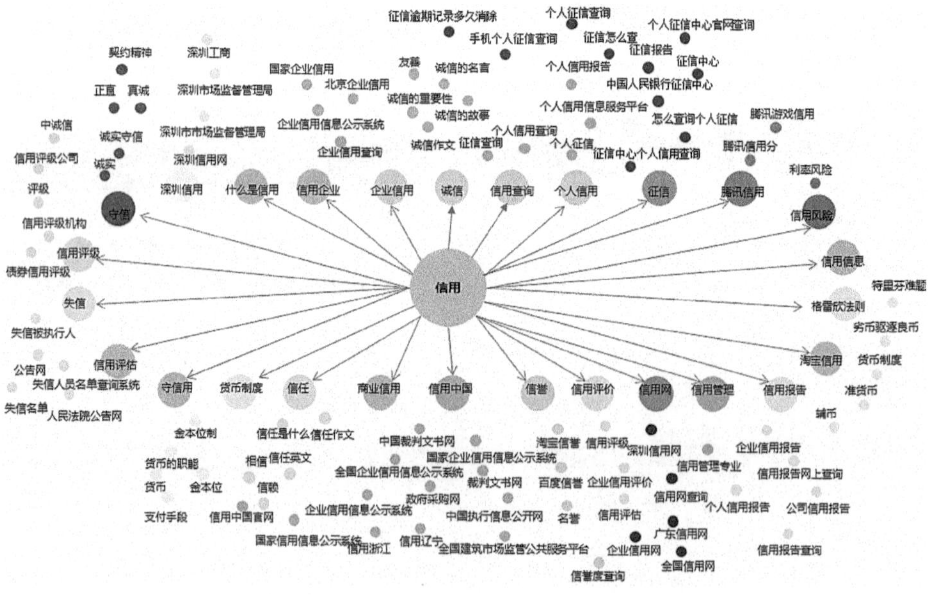

图 2-12　包含两代关联词的"信用"知识图谱

五、搜索趋势分析

（一）全部关键词搜索趋势分析

将得到的全部关键词,按照其归属的词库类别进行加总,得到每个词库的年指数总量及当年的日均指数总量,最后再将全部词库关键词加总得到历年总指数。从图 2-13 可以看出,2014—2020 年,全部"信用"关键词百度搜索总指数期末较期初增长了 2.3 倍,年均增速达 22%。

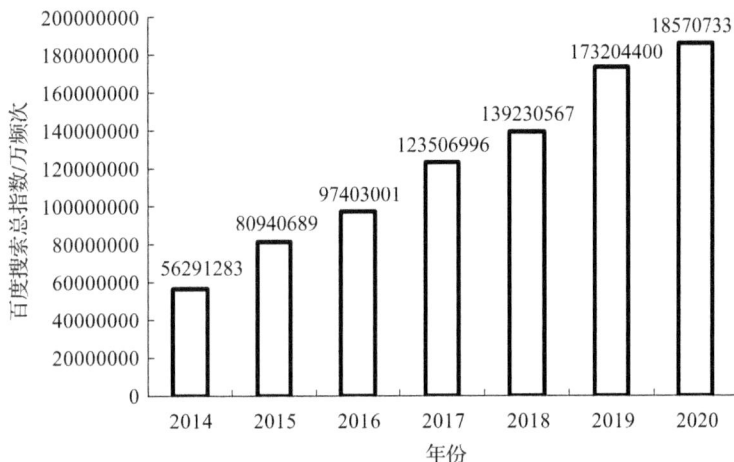

图 2-13　2014—2020 年全部"信用"关键词百度搜索总指数变化趋势

（二）各词库搜索趋势分析

10 个"信用"分类关键词词库的搜索指数趋势变动如图 2-14 所示。从趋势变动分析来看,可以将 10 个词库大致分为三类:第一类,总体上呈现上升趋

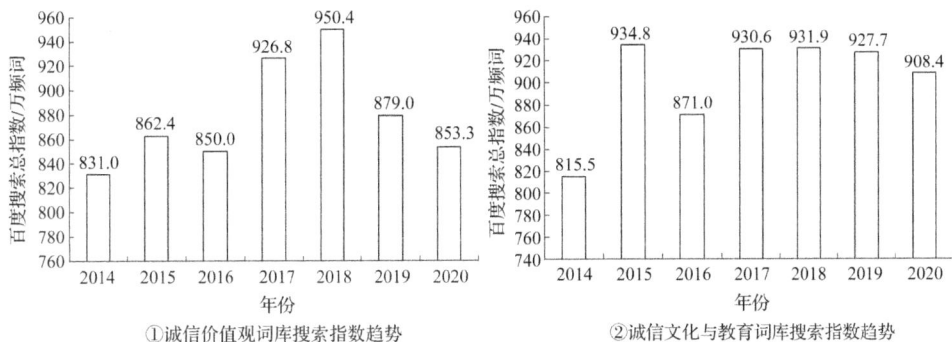

①诚信价值观词库搜索指数趋势

②诚信文化与教育词库搜索指数趋势

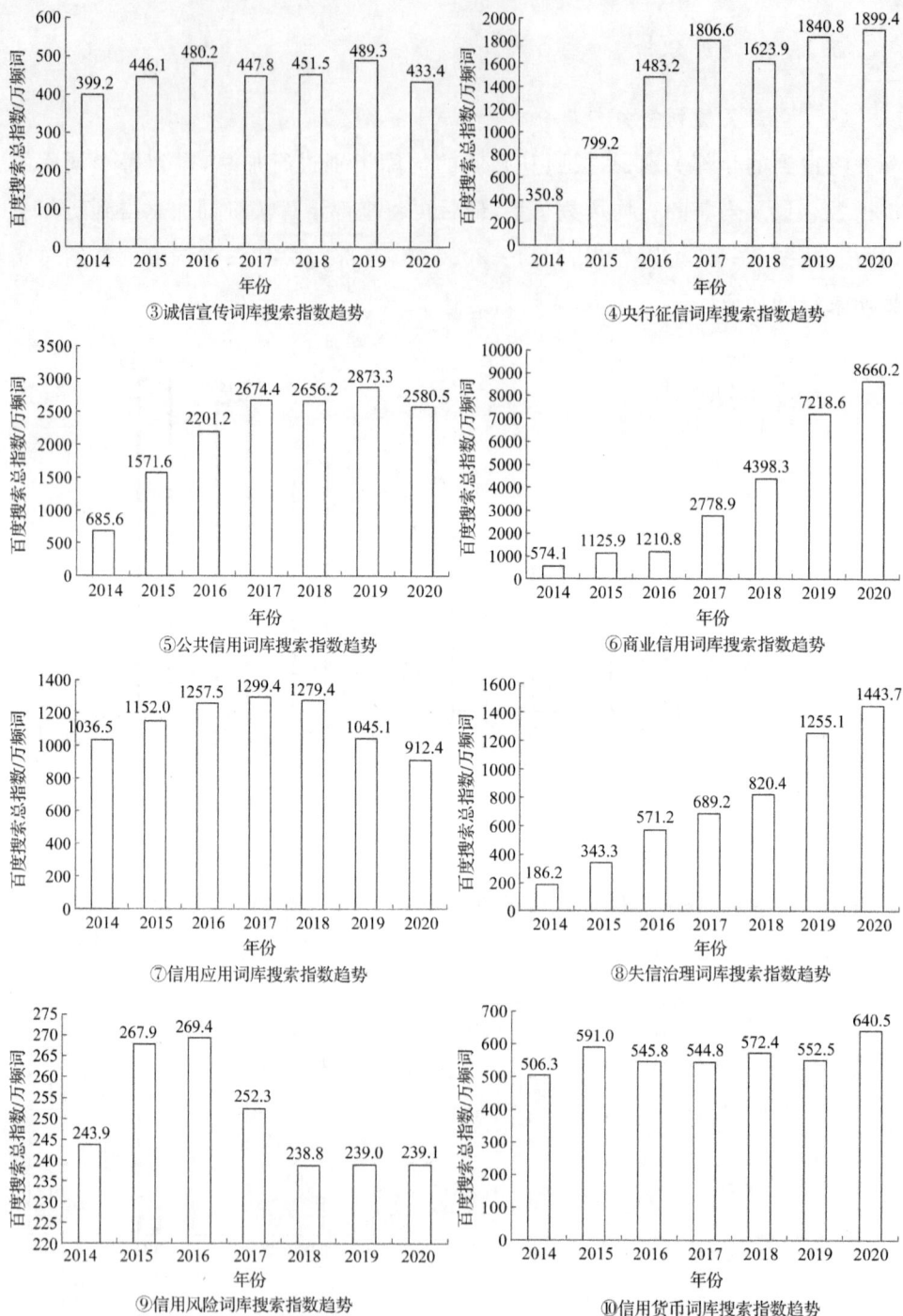

③诚信宣传词库搜索指数趋势

④央行征信词库搜索指数趋势

⑤公共信用词库搜索指数趋势

⑥商业信用词库搜索指数趋势

⑦信用应用词库搜索指数趋势

⑧失信治理词库搜索指数趋势

⑨信用风险词库搜索指数趋势

⑩信用货币词库搜索指数趋势

图 2-14　2014—2020 年各词库搜索指数变化趋势

势的图库,共 4 个,主要包括央行征信词库、公共信用词库、商业信用词库和失信治理词库;第二类,没有呈现明显变化趋势的词库,有 2 个,主要包括诚信宣传词库、信用货币词库;第三类,呈现先增长后下降趋势的词库,共 4 个,主要包括诚信价值观词库、诚信文化与教育词库、信用应用词库和信用风险词库。

第三章　基于网络舆情大数据的城市信用治理监测评价

　　社会公众对城市信用治理的满意程度,不仅是评价政府城市信用体系建设水平和建设成效、体现城市治理能力的重要依据,也是一切信用工作的出发点和落脚点。在城市信用满意度评价方面,目前的研究尚未形成系统完整的测评理论体系和方法体系。在城市信用评价的少量文献中,虽有所涉及,但往往也只是将满意度作为原有评价体系中的一个局部维度或个别指标(张存如,2008;崔亚东,2017),且在实证研究方面尤为薄弱。信用舆情是作为社会主体的公众对政府、企业、个人、社会组织等不同客体的信用活动所持的信念、态度、意见、情绪等社会政治态度的总和,信用舆情指数则是量化评估公众对各类信用活动社会政治态度的工具,它为及时掌握社会信用舆情动态、进行舆情监测预警提供了依据,是当前推动我国社会信用体系建设、提升社会信用治理能力的有力抓手。本章对网络环境下公众感知和网络情绪对城市信用治理满意度的影响进行了理论探讨,并提出了基于网络舆情大数据的满意度指数编制方法,依托百度指数大数据,对 2019 年国内 17 个 GDP 超万亿元样本城市进行实证研究,并对政务、商务、社会、司法四大领域的信用治理舆情满意度进行了分析。

第一节　问题提出与文献评述

　　当前关于舆情指数的相关研究主要集中在两个领域:社会领域和经济领域。社会领域的舆情指数关注各类社会热点和典型舆情事件,主要有社会舆情指数(喻国明,2013;李昌祖等,2019)、网络舆情指数(丁兆云,2008;张培凡等,2013)、食品安全舆情指数(靳晓宏等,2016);经济领域的舆情指数关注金融市场和宏观经济形势,主要有房地产市场认知舆情指数(霍琳等,2014)、CPI舆情指数(张崇等,2012;徐映梅等,2017)、投资者舆情指数(俞庆进等,2012;刘少伟,2018)等。

从舆情指数编制方法上来看,基于传统调查统计数据编制舆情指数的做法,无论是舆情数据采集效率,还是舆情监测时效性等均存在诸多局限性,因此当前主要基于网络舆情数据来实现,典型的做法有以下两种。

第一种做法是从舆情热点事件出发,先按舆情概念划分若干舆情维度并确立可量化的指标体系,通过采集网络舆情数据,将不同维度指标进行加权得到单个舆情事件的个体指数,最后将观测期内全部个体舆情指数加权合成舆情总指数(喻国明,2013;张芳等,2013;张培凡等,2013;靳晓宏等,2016;向宁等,2016)等。该方法的优点在于既可进行个体舆情事件分析又可进行总体舆情趋势研判,缺点是只能依靠有限维度的少量可量化的网络舆情指标,对大量非结构化指标数据的挖掘不够。

第二种做法是从舆情关键词出发(非针对具体的舆情事件),先通过抽象的舆情语义分析,分解得到与舆情核心词存在某种关联的关键词集合,然后爬取该集合中各关键词的非结构化或结构化大数据,通过一定算法对各关键词进一步加以筛选验证,并将验证后剩余的关键词加权合成舆情总指数,一般依靠搜索引擎工具,或者专业的舆情监测软件来实现(喻国明,2013;霍琳等,2014;徐映梅等,2017)。该方法充分发挥了大数据的优势,舆情评价不再局限于少数几个维度,数据规模庞大,类型多样,适于对舆情趋势的整体研判;缺点是舆情关键词的单体价值密度低、噪声大,容易造成关键词遗漏或者误选,此外,无法得到个体舆情指数,也无法进行单起舆情事件分析。

综上所述,已有的研究虽然取得了不少的成果,但在选词方法、关键词聚合等方面仍存在进一步研究和改进的空间。据此,我们提出了基于网络舆情大数据的城市信用治理满意度指数,并进行了实证研究。主要创新包括:①改进了关键词选词方法和聚合技术,以与"信用"相关的重大政策文件为基础语料库提炼初始关键词,通过关联度和词频确立热词集,并将热词进一步聚合成相关指数用于评价。②通过对网络环境下城市信用治理满意度测评理论的梳理和探讨,建构了基于公众网络感知、网络情绪的城市信用治理满意度测评方法论体系。③提出了基于网络舆情大数据的城市信用治理满意度指数测评解决方案，并讨论了用关联信用指数对测算结果进行有效性与稳健性验证的可行性。④依托百度搜索指数和资讯指数大数据，对 2019 年国内 17 个 GDP 超万亿大城市政务、商务、社会和司法四大领域的信用治理满意度进行了实证研究与比较，并对治理现状与问题做了剖析与讨论。

第二节　理论模型与测算思路

一、网络感知、网络情绪与信用治理满意度的关系

（一）公众对信用治理的网络感知

按照 Oliver(1980;1993)，Churchill 等(1982)等学者的研究，影响消费者满意度的原因变量包括消费者感知、期望和情感等因素。Oliver(1980)在其"期望—不一致"(expectation-disconfirmation)模型中指出，消费者满意度由其自身的期望与实际感知的不一致来评价，当实际感知表现超过期望，就表现为满意;反之，则表现为不满意。Churchill 等(1982)的研究则进一步肯定了实际感知的重要性，认为消费者的实际感知将直接影响满意度。Oliver(1993)在随后提出的"联合认知和增补情感的消费者满意/不一致模型"(combined cognitive and affect-augmented CS/D model)中指出，消费者感知、期望和情感这三个因素，对消费者满意度的作用都是独立可加的，而且三个因素相互之间也有一定的联系。

按照这一思路，城市信用治理满意度由公众对信用现状的真实感知与其所期待的优良信用环境之间的不一致程度所决定，当公众真实的感知超过期望，结果表现为满意;反之，结果表现为不满意。公众对信用的外部感知来源于其所处的环境，当一座城市通过治理，使得外部信用环境得以改善并使公众从中受益，便会增加公众的获得感，从而提高其满意度。在网络环境下，公众从大量信用舆情事件中获得信用感知，然后通过对舆情事件的关注、检索、阅读、评论、转发等网络行为来表达其对当前信用治理的态度和意见。可见，对信用治理的网络感知度是满意度的一个重要基础，没有感知度，满意度就无从谈起。因此，

感知度是衡量满意度的一个重要指标。

（二）公众对信用治理的网络情绪

衡量城市信用治理满意度的另外一个重要指标是公众情绪。在瑞典消费者满意度指数（Swedish customer satisfaction barometer,SCSB）模型、美国消费者满意度指数（American customer satisfaction index,ACSI）模型、欧洲消费者满意度指数（European customer satisfaction index,ECSI）模型等最具代表性的消费者满意度指数模型中,消费者忠诚和抱怨等情感因素是衡量满意度的重要结果变量。情绪和情感既有关联又有区别,一方面,两者都是一种人对事物的态度体验,是人的需要得到满足与否的反映;另一方面,情绪受情感的制约,但情感是内在的,需要通过情绪表现出来。因此,情感可通过情绪来加以衡量。

在网络环境下,对待不同性质的信用舆情事件,公众自身的认知差异决定其会有明显不同的情感倾向。这种情感倾向通过对舆情事件的点赞、喜欢、抱怨、愤怒等积极或消极的网络情绪表现出来。公众往往可以从诚信事件中获得正面的情感激励从而提升其满意度,被失信事件激起的负面情感则会抑制其满意度。在整个社会层面,当全部正面舆情的积极效应超过负面舆情的消极效应,这种正效应将提升整个社会的满意度;如果负面舆情的消极效应超过了正面舆情的积极效应,这种负效应则将导致社会满意度下降。因此,通过分析公众对信用舆情事件的网络情绪效应,可以判断出其对信用治理现状的满意程度。

二、满意度指数测算的基本思路

SCSB、ACSI 和 ECSI 等传统意义上的满意度指数模型,一般采用态度量表,通过问卷调查的方式,建立影响满意度各变量之间的结构方程,以此编制满意度指数。这种方法的优点是理论体系已较为完备,且实际应用效果也得到了充分的验证。但其弊端是,指数编制的成本很高,且指数时效性较差,很难实现高频次实时动态监测。本章重在探讨一种基于网络舆情的城市信用治理满意度指数模型,并运用大数据的手段,来解决上述指数测算问题。

指数测算的基本思路如图 3-1 所示。首先,从当前社会信用体系建设的四个重点领域出发,通过对 2014 年以来国内信用建设重大政策法规文件、信用舆情热点事件进行文本挖掘,经过分词、过滤、算法选词、关键词聚合,生成信用核心关键词集。其次,借助百度搜索引擎的指数工具,爬取关键词的搜索、资讯两大类指数数据,并用搜索热度和资讯热度计算公众对城市信用治理的感知度指数,用正面舆情和负面舆情热度计算公众对城市信用治理的舆情效应指数。最后,将感知度指数和舆情效应指数合成满意度指数,并对测算结果进行验证与应用。

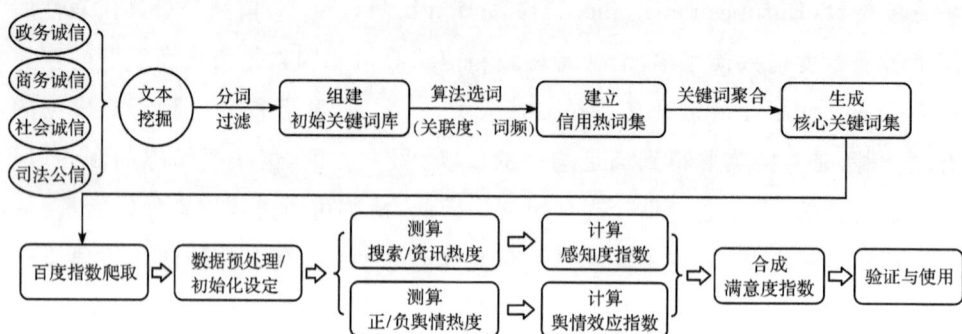

图 3-1 满意度指数测算思路

第三节 测算方法和实证结果

一、信用感知度指数的编制与测算

(一)信用核心关键词的确定

信用核心关键词的确定过程如下:第一步,以《社会信用体系建设规划纲要(2014—2020 年)》为依据,围绕当前政务、商务、社会和司法四大领域诚信体系建设工作的重点,通过对文本进行语义分词和过滤,组建初始信用关键词库。在《纲要》中,共梳理出信用关键词 473 个,其中被百度指数收录的有 305 个。第二步,围绕 305 个初始信用关键词,借助百度指数需求图谱的关联关键词推荐功能,对当前搜索热度排行前 10 的关键词做进一步过滤甄选。在语义分析的基础上,结合 2018—2019 年的日均搜索和资讯热度,剔除关联度弱、热度较低的关键词,最终留下 157 个信用热点关键词。第三步,将 157 个热点关键词按照政务、商务、社会、司法四大领域,合成 50 个信用核心关键词。按照检索热度和资讯热度,排名前 10 的核心关键词结果见表 3-1。这些核心关键词中,一般至少包含一个语义关联度较高的信用热点关键词。以"失信被执行人"为例,该核心关键词中包含有"失信被执行人""被执行人""老赖""失信人""失信被执行人名单""失信黑名单"6 个语义相近且热度较高的关键词。采用核心关键词的方式,可以显著改进单体关键词信息噪声大、价值密度低的弱点,极大地提高数据检索和分析的效率。

表 3-1　2014 年以来百度搜索热度、资讯热度排名前 10 的信用核心关键词

领域	百度搜索热度排名前 10 的信用核心关键词	百度资讯热度排名前 10 的信用核心关键词
政务诚信	国家企业信用信息公示系统、不忘初心、征信平台、失信被执行人、信用记录、信用中国、政务公开、简政放权、反腐败、统一社会信用代码	失信被执行人、信息安全、不忘初心、反腐败、"双公示"、简政放权、政务公开、隐私保护、征信平台、信息共享
商务诚信	失信查询、征信查询、信用卡、12315、信用、刷单、信用风险、食品安全、安全生产、芝麻信用	食品安全、信用卡、芝麻信用、信用风险、征信查询、虚假宣传、信用、刷单、交通安全、失信查询
社会诚信	诚实守信、保护环境、知识产权保护、道德文明、时代楷模、爱国主义、网络诈骗、核心价值观、正能量、公益慈善	正能量、网络诈骗、保护环境、公益慈善、知识产权保护、学术不端、道德文明、时代楷模、核心价值观、爱国主义
司法公信	法治中国、法律援助、黑社会、法制、行政诉讼、公平正义、扫黑除恶、依法治国、形式主义、法律监督	法制、黑社会、法律监督、扫黑除恶、依法治国、形式主义、公共安全、人权、法律援助、司法公信

(二)信用舆情热度的生成

以城市为单位,爬取 2019 年信用核心关键词的百度搜索指数[①]和百度资讯指数[②]的日均数据,并进一步将关键词数据按领域进行汇总。然后采用极值处理方式,对各样本城市的数据进行标准化处理,标准值为样本城市指数中的最大值。

从此前对信用的网络舆情研究来看,信用舆情与公众信用认知、经济发展

[①]　百度搜索指数是指以网民在百度的搜索量为数据基础,以关键词为统计对象,分析并计算出各个关键词在百度网页搜索中搜索频次的加权。

[②]　百度资讯指数是指以百度智能分发和推荐内容数据为基础,将网民的阅读、评论、转发、点赞、不喜欢等行为的数量加权求和。

水平及网民规模存在关联。因此,在样本城市的选择上,我们着重选择了国内17个 GDP 超万亿元的超大、特大城市,这样可以使城市间的经济发展水平和网民规模较为接近,这样,在城市间进行横向比较,结果也更具现实意义,预处理结果见表 3-2。

表 3-2　2019 年 17 个样本城市各领域信用核心关键词的搜索指数和资讯指数

城市	政务诚信		商务诚信		社会诚信		司法公信	
	搜索指数	资讯指数	搜索指数	资讯指数	搜索指数	资讯指数	搜索指数	资讯指数
北京	1.00	1.00	1.00	0.99	1.00	1.00	1.00	0.90
上海	0.76	0.87	0.84	1.00	0.83	0.90	0.80	1.00
南京	0.40	0.18	0.32	0.21	0.58	0.19	0.54	0.20
天津	0.45	0.33	0.27	0.35	0.56	0.36	0.52	0.38
广州	0.68	0.31	0.57	0.40	0.77	0.34	0.74	0.37
成都	0.67	0.34	0.47	0.43	0.73	0.34	0.64	0.36
杭州	0.65	0.46	0.54	0.52	0.74	0.44	0.70	0.50
武汉	0.56	0.29	0.37	0.36	0.67	0.31	0.61	0.34
深圳	0.63	0.33	0.84	0.43	0.75	0.35	0.70	0.38
苏州	0.47	0.30	0.36	0.35	0.58	0.31	0.59	0.34
郑州	0.56	0.31	0.36	0.37	0.67	0.33	0.62	0.34
重庆	0.55	0.53	0.34	0.58	0.61	0.51	0.59	0.54
佛山	0.29	0.12	0.22	0.14	0.41	0.12	0.39	0.14
宁波	0.30	0.17	0.23	0.20	0.45	0.18	0.42	0.19
无锡	0.23	0.12	0.19	0.14	0.36	0.12	0.34	0.13
长沙	0.38	0.23	0.28	0.26	0.59	0.24	0.51	0.26
青岛	0.37	0.24	0.28	0.27	0.54	0.27	0.47	0.29

（三）计算城市公众信用感知度 TT 指数

本章采用 Tornqvist(1936)，Theil(1965；1973；1974)等的 Theil-Tornqvist 指数(以下简称 TT 指数)进行公众信用感知度的城际比较。TT 指数常用于产出、价格和生产率的双边或多边国际比较,它有很多优良的统计特征(郑海涛等,2005)。石晓军等(2006)构建了国家信用体系的多维 TT 指数模型,并将其用于信用体系的国际比较。研究结果表明 TT 指数方法具有稳健性和可靠性。

公众信用感知度 TT 指数的构建及城际比较步骤如下。

第一步,计算城市 k 第 i 个领域第 j 类百度指数,以及与比较城市 b 的 TT 分值,即

$$\mathrm{TT}_{ij}\left(\frac{k}{b}\right) = \frac{x_{ij}(k)}{x_{ij}(b)} \tag{3-1}$$

其中,$i=1,2,3,4$,分别指政务诚信、商务诚信、社会诚信、司法诚信 4 个领域;$j=1,2$,分别指搜索指数和资讯指数;$x_{ij}(k)$ 为城市 k 第 i 个领域第 j 类百度指数(经标准化转换),用于比较的城市 b 选定为北京。

第二步,将各领域的搜索指数和资讯指数进行加权,计算得到城市 k 与比较城市 b 之间第 i 个领域的 TT 指数 $\mathrm{TT}_i\left(\frac{k}{b}\right)$,即

$$\mathrm{TT}_i\left(\frac{k}{b}\right) = \prod_{j=1}^{2}\left[\mathrm{TT}_{ij}\left(\frac{k}{b}\right)\right]^{\frac{W_{ij}(k)+W_{ij}(b)}{2}} \tag{3-2}$$

其中,$W_{ij}(k)$ 为城市 k 第 i 个领域第 j 类百度指数占两类指数合计值(经标准化转换)的比重。

第三步,进行领域加权,计算得到城市 k 与比较城市 b 之间的 TT 总指数 $\mathrm{TT}\left(\frac{k}{b}\right)$,即

$$\mathrm{TT}\left(\frac{k}{b}\right) = \prod_{i=1}^{4}\left[\mathrm{TT}_i\left(\frac{k}{b}\right)\right]^{\frac{W_i(k)+W_i(b)}{2}} \tag{3-3}$$

其中,$W_i(k)$ 为城市 k 第 i 个领域百度指数占其全部领域指数合计值(经标准化转换)的比重。

根据以上流程,全国 17 个样本城市公众信用感知度 TT 指数测算结果见表 3-3。

表 3-3　2019 年 17 个样本城市信用感知度 TT 指数测算结果

城市	政务 TT 指数	商务 TT 指数	社会 TT 指数	司法 TT 指数	TT 总指数
北京	1.000	1.000	1.000	1.000	1.000
上海	0.812	0.922	0.864	0.956	0.888

续表

城市	政务 TT 指数	商务 TT 指数	社会 TT 指数	司法 TT 指数	TT 总指数
南京	0.288	0.264	0.382	0.382	0.328
天津	0.387	0.312	0.462	0.471	0.407
广州	0.496	0.483	0.554	0.574	0.526
成都	0.506	0.452	0.534	0.521	0.503
杭州	0.554	0.530	0.591	0.630	0.576
武汉	0.427	0.368	0.489	0.490	0.443
深圳	0.482	0.632	0.548	0.565	0.556
苏州	0.381	0.357	0.447	0.483	0.416
郑州	0.433	0.367	0.500	0.498	0.449
重庆	0.541	0.464	0.561	0.595	0.539
佛山	0.201	0.183	0.266	0.269	0.229
宁波	0.235	0.215	0.314	0.319	0.270
无锡	0.177	0.165	0.241	0.246	0.207
长沙	0.305	0.272	0.412	0.401	0.347
青岛	0.301	0.277	0.403	0.401	0.345

二、信用舆情效应指数的编制测算

(一)确定正/负舆情关键词

首先,分别从政务诚信、商务诚信、社会诚信、司法诚信四大领域分类梳理出典型诚信事件和失信事件,并在两类事件中提取正面、负面信用舆情核心关键词;最后,围绕核心关键词,将语义相近且搜索热度或资讯热度高的关键词进行归类。以"依法治国"为例,在与其相关的关键词中,2014 年以来热度较高的主要有"依法治国""依法行政""依法执政""全面依法治国"。因此"依法治国"的搜索指数和资讯指数由上述 4 个词的搜索指数和资讯指数加总得到。

本章共梳理了 87 个核心关键词,包含 233 个热点关键词,其中正面舆情核心关键词 42 个(包含 125 个热点关键词),负面舆情核心关键词 45 个(包含 108 个热点关键词)。其中,四大领域搜索和资讯热度排名前 5 的两类核心关键词见表 3-4。

表 3-4　2014 年以来百度搜索热度和资讯热度排名前 5 的正/负信用舆情关键词

领域	百度搜索热度排名前 5 的信用舆情核心关键词		百度资讯热度排名前 5 的信用舆情核心关键词	
	正面舆情	负面舆情	正面舆情	负面舆情
政务	不忘初心、清正廉洁、责任担当、服务型政府、忠诚理想信念	不作为、职务犯罪、挪用公款、吃空饷、权色交易	从严治党、四个意识、不忘初心、服务型政府、人民公仆	贪官、贪污腐败、"四风"、官僚主义、权色交易
商务	工匠精神、信用、爱岗敬业、合同法、职业道德	套路贷、传销、刷单、信用风险、内幕交易	安全生产、打假、诚信纳税、工匠精神、企业家精神	套路贷、传销、信用风险、合同诈骗、非法集资
社会	正能量、时代楷模、核心价值观、爱国主义、诚实守信	网络诈骗、学术不端、不文明行为、环境污染、网络暴力	正能量、志愿服务、保护环境、公益慈善、知识产权保护	网络诈骗、环境污染、网络暴力、碰瓷、潜规则
司法	依法治国、公平正义、扫黑除恶、反腐倡廉、司法公信	行贿受贿、上访、暴力执法、冤假错案、举报	反腐倡廉、作风建设、扫黑除恶、依法治国、公共安全	黑社会、黄赌毒、行贿受贿、形式主义、维权

（二）设定初始参照对象

在百度指数中爬取 2018 年和 2019 年全部核心关键词全国范围日均搜索指数和日均资讯指数，结果见表 3-5。

表 3-5　全部信用舆情关键词全国日均搜索指数和资讯指数　（单位：万频次）

领域	2018 年日均搜索指数		2019 年日均搜索指数		2018 年日均资讯指数		2019 年日均资讯指数	
	正面舆情	负面舆情	正面舆情	负面舆情	正面舆情	负面舆情	正面舆情	负面舆情
政务	4.13	1.21	7.25	1.04	80.42	255.69	218.12	151.27
商务	3.99	2.46	3.86	2.12	200.72	204.95	379.66	365.62
社会	5.43	3.49	7.68	2.41	794.79	816.96	1267.61	765.14
司法	1.95	1.63	2.63	1.54	136.16	637.54	382.74	767.31
合计	15.50	8.79	21.42	7.11	1212.09	1915.14	2248.14	2049.33

为了得到各样本城市的舆情效应指数,将2018年设定为基年,以其全部信用热点关键词的全国日均搜索指数和资讯指数为初始参照对象,我们先在各领域正面舆情指数上乘以一个平衡系数,使得2018年的搜索指数和资讯指数各自的正面、负面舆情值恰好相等,从而将2018年全国舆情效应指数的初始值设置为0。然后通过将2019年各城市正面、负面舆情效应指数的变动情况与2018年进行比较,得到各城市2019年的信用舆情效应指数。这里的平衡系数是2018年全国各领域负面舆情指数和正面舆情指数的比值。这样做是因为,理论上信用热点关键词是无法穷尽的,只要增加正面舆情关键词的数量就会增加正面舆情效应指数,进而提高正效应;反之,增加负面舆情关键词的数量就会提高负效应。因此就需要设定一个"0"值的初始参照对象,并将不同时期同一批关键词与其对比得到效应变动的情况。

(三)正/负舆情热度的生成

分类汇总各城市不同领域全部关键词总日均搜索指数和资讯指数的正/负舆情热度。总日均指数由各关键词的个体指数加总得到,具体结果见表3-6。

表3-6　2019年17个样本城市各领域信用核心关键词正/负舆情热度　(单位:万频次/日)

城市	百度指数	政务舆情热度		商务舆情热度		社会舆情热度		司法舆情热度		合计
		正面	负面	正面	负面	正面	负面	正面	负面	
北京	搜索指数	1336	336	1062	621	1349	765	589	502	6560
	资讯指数	26028	16483	42907	35340	137872	82530	38735	75136	455032
上海	搜索指数	850	201	696	404	1287	569	493	416	4917
	资讯指数	16538	11550	41678	38973	129705	74974	32388	73627	419433
南京	搜索指数	561	177	524	338	749	347	323	275	3295
	资讯指数	3839	2797	8185	8282	25289	15504	7195	15408	86498
天津	搜索指数	633	185	475	300	744	350	309	277	3274
	资讯指数	7908	6652	14231	13675	47741	32184	17135	30666	170192
广州	搜索指数	747	251	760	497	1032	458	415	391	4551
	资讯指数	6312	4337	14617	13957	44981	28049	10466	29233	151952
成都	搜索指数	797	227	673	425	956	429	393	342	4242
	资讯指数	7683	5221	16439	14678	45963	28215	12445	29083	159727

城市	百度指数	政务舆情热度		商务舆情热度		社会舆情热度		司法舆情热度		合计
		正面	负面	正面	负面	正面	负面	正面	负面	
杭州	搜索指数	764	228	697	475	1064	449	425	360	4463
	资讯指数	8727	5850	18804	20119	60213	33923	15936	36227	199800
武汉	搜索指数	731	208	566	383	880	389	354	321	3832
	资讯指数	6523	4980	13016	13162	40788	25938	12085	27087	143580
深圳	搜索指数	591	229	730	493	985	435	374	368	4204
	资讯指数	6214	3955	16073	14895	45779	28088	10320	28505	153828
苏州	搜索指数	506	171	534	343	802	357	335	280	3328
	资讯指数	5794	4026	13316	12942	41755	25322	10947	24419	138521
郑州	搜索指数	690	193	535	355	848	373	328	295	3617
	资讯指数	6642	4873	12758	12459	44540	28623	11792	24114	145802
重庆	搜索指数	689	197	567	356	822	357	349	296	3634
	资讯指数	12351	7231	22414	20490	67756	40454	19408	40890	230994
佛山	搜索指数	338	124	396	232	399	247	203	192	2130
	资讯指数	2308	1577	5273	4930	16741	9816	3990	10509	55144
宁波	搜索指数	409	130	404	247	648	262	234	202	2535
	资讯指数	3412	2297	7056	7682	24506	13040	6248	13922	78162
无锡	搜索指数	315	93	326	197	474	212	191	151	1959
	资讯指数	2381	1763	5172	5113	16764	10082	4699	9719	55693
长沙	搜索指数	605	174	517	321	787	322	308	269	3303
	资讯指数	5813	4574	9806	10183	31274	18960	10794	21268	112673
青岛	搜索指数	536	164	480	295	715	329	266	251	3036
	资讯指数	5453	4264	10604	10201	35841	22411	9884	23030	121688

（四）计算舆情效应指数

舆情效应指数的计算分三步。

第一步，计算城市 k 第 i 个领域第 j 类百度指数的舆情效应 $\mathrm{EI}_{ij}(k)$，计算公式为

$$\mathrm{EI}_{ij}(k) = \frac{正面舆情效应_{ij}(k) \times 平衡系数_i - 负面舆情效应_{ij}(k)}{正面舆情效应_{ij}(k) \times 平衡系数_i + 负面舆情效应_{ij}(k)} \quad (3-4)$$

其中,k 指代城市,$i=1,2,3,4$,分别指政务、商务、社会、司法 4 个领域;$j=1,2$,分别指搜索指数和资讯指数。由于舆情效应为各关键词检索量或资讯量的合计值,其结果一定大于等于 0,因此,$\mathrm{EI}_{ij}(k)$ 的取值范围为 $[-1,1]$。当 $\mathrm{EI}_{ij}(k)$ 大于 0 时为正效应,表明正面舆情的积极效应超过负面舆情的消极效应;当 $\mathrm{EI}_{ij}(k)$ 小于 0 时为负效应,表明负面舆情的消极效应超过正面舆情的积极效应;当 $\mathrm{EI}_{ij}(k)$ 等于 0 时,表明两者处于平衡状态。

第二步,进行指数加权,计算得到城市 k 第 i 个领域的社会舆情效应指数 $\mathrm{EI}_i(k)$,即

$$\mathrm{EI}_i(k) = \sum_{j=1}^{2} W_{ij} \cdot \mathrm{EI}_{ij}(k) \quad (3-5)$$

其中,W_{ij} 为第 i 领域第 j 类指数的权重,此处两类指数各占 50%,也就是说,k 城市第 i 个领域的社会舆情效应指数是资讯指数和搜索指数的简单算术平均数。

第三步,进行领域加权,计算得到城市 k 的社会舆情效应总指数 $\mathrm{EI}(k)$,即

$$\mathrm{EI}(k) = \sum_{i=1}^{4} W_i \cdot \mathrm{EI}_i(k) \quad (3-6)$$

其中,W_i 为第 i 个领域的权重。因为公众对各关键词的检索量和资讯量就代表了该关键词的重要程度,因此权重为 2019 年第 i 个领域关键词全国日均指数占全部领域日均指数的比重。

根据 $\mathrm{EI}(k)$ 的计算原理,其取值范围为 $[-1,1]$,且 $\mathrm{EI}(k)$ 的值越大,表示正效应越大。$\mathrm{EI}(k)$ 为 1 时,表示 100% 的正效应;$\mathrm{EI}(k)$ 为 -1 时,表示 100% 的负效应。

根据以上流程,全国 17 个样本城市信用治理社会舆情效应指数测算结果见表 3-7。

表 3-7　2019 年 17 个样本城市信用治理舆情效应指数

城市	政务 EI 指数		商务 EI 指数		社会 EI 指数		司法 EI 指数		总 EI 指数
	搜索	资讯	搜索	资讯	搜索	资讯	搜索	资讯	
北京	0.077	0.668	0.027	0.107	0.062	0.264	-0.010	0.414	0.179
上海	0.106	0.640	0.030	0.044	0.185	0.280	-0.005	0.346	0.191

城市	政务 EI 指数		商务 EI 指数		社会 EI 指数		司法 EI 指数		总 EI 指数
	搜索	资讯	搜索	资讯	搜索	资讯	搜索	资讯	
南京	−0.037	0.627	−0.023	0.005	0.163	0.253	−0.010	0.372	0.152
天津	0.001	0.582	−0.012	0.030	0.155	0.208	−0.034	0.447	0.156
广州	−0.069	0.645	−0.030	0.033	0.183	0.245	−0.060	0.253	0.131
成都	0.014	0.648	−0.011	0.067	0.177	0.252	−0.021	0.334	0.164
杭州	−0.010	0.652	−0.049	−0.023	0.207	0.292	−0.007	0.346	0.165
武汉	0.014	0.613	−0.046	0.005	0.185	0.236	−0.041	0.353	0.151
深圳	−0.138	0.666	−0.045	0.048	0.186	0.252	−0.080	0.258	0.122
苏州	−0.071	0.641	−0.021	0.025	0.181	0.258	0.001	0.355	0.152
郑州	0.023	0.625	−0.037	0.022	0.187	0.231	−0.036	0.392	0.160
重庆	0.013	0.689	−0.008	0.055	0.193	0.265	−0.007	0.379	0.177
佛山	−0.111	0.646	0.026	0.044	0.019	0.274	−0.064	0.280	0.117
宁波	−0.038	0.651	0.004	−0.032	0.227	0.318	−0.016	0.355	0.175
无锡	−0.005	0.622	0.012	0.016	0.180	0.262	0.028	0.387	0.172
长沙	0.009	0.603	−0.004	−0.008	0.222	0.258	−0.022	0.408	0.174
青岛	−0.023	0.605	0.001	0.030	0.166	0.244	−0.061	0.335	0.148

三、信用治理满意度指数的合成与测算

(一)各领域信用治理满意度

通过前述感知度、信用舆情效应与信用治理满意度的理论分析可知,感知度和信用舆情效应都是影响满意度的重要变量,同时两者之间也存在关联。因此,满意度指数宜采用乘法模型。城市 k 第 j 个领域信用治理社会满意度 $STI'_i(k)$ 的计算公式为

$$STI'_i(k) = TT_i\left(\frac{k}{b}\right) \cdot EI_i(k) \qquad (3-7)$$

其中,$TT_i\left(\dfrac{k}{b}\right)$ 和 $EI_i(k)$ 分别为城市 k 第 i 个领域的信用关注度指数(相对于比较城市 b)和信用舆情效应指数。

（二）总体满意度

城市信用治理的总体满意度计算公式为

$$STI'(k) = TT\left(\frac{k}{b}\right) \cdot EI(k) \tag{3-8}$$

从 $TT\left(\frac{k}{b}\right)$ 和 $EI(k)$ 的计算原理可知，$STI'(k)$ 的取值范围应为 $[-1,1]$，而满意度指数的惯用范围为 $[0,100]$。且 EI 的计算以 2018 年为基年，并对当年的舆情效应进行了"0"值设定，由于满意度是关注度和舆情效应的乘积，这意味着基年的满意度指数为"0"。这样的设置显然不便于理解和使用，因此采用功效系数法对 $STI'(k)$ 进行如下区间变换，即

$$STI(k) = c + \frac{STI'(k) - m}{M - m} \times d \tag{3-9}$$

其中，$STI(k)$ 为区间转换后的总体满意度指数；c 为基年的初始满意度，设定为中性值 50，即满意度一般；$c+d$ 为满意度的上限 100，m 和 M 分别为 $STI'(k)$ 的最小取值 -1 和最大取值 1。

根据以上流程，17 个样本城市 2019 年信用治理的总体满意度指数最终测算结果见表 3-8。

表 3-8　2019 年 17 个样本城市信用治理满意度指数及相关变量统计数据

城市	政务STI指数	商务STI指数	社会STI指数	司法STI指数	STI总指数	CEI指数	CCI指数	GDP/万亿元	人口/万人
北京	84.31	76.67	79.08	80.05	79.48	87.085	89.77	3.03	2154
上海	83.86	75.91	80.60	79.22	79.24	85.488	89.64	3.27	2424
南京	80.49	74.83	78.99	78.51	76.25	77.971	89.01	1.28	8440
天津	80.76	75.18	78.68	79.25	76.59	78.294	85.00	1.88	1560
广州	81.05	75.04	79.58	77.09	76.72	80.181	88.87	2.30	1490
成都	81.96	75.57	79.56	78.34	77.06	76.838	86.69	1.48	1633
杭州	81.93	74.22	80.45	78.78	77.37	79.727	89.38	1.35	981
武汉	81.34	74.59	79.35	78.24	76.67	77.352	87.14	1.53	1108
深圳	80.56	75.04	79.71	76.93	76.70	78.446	85.03	2.47	1302
苏州	80.64	75.03	79.44	78.67	76.58	77.573	89.26	1.86	1072
郑州	81.57	74.86	79.34	78.72	76.80	76.502	87.38	1.02	1014

城市	政务 STI 指数	商务 STI 指数	社会 STI 指数	司法 STI 指数	STI 总指数	CEI 指数	CCI 指数	GDP /万亿元	人口 /万人
重庆	82.50	75.49	79.93	79.08	77.39	78.636	88.58	2.034	3102
佛山	79.57	75.60	77.55	76.91	75.67	76.089	85.67	1.056	790
宁波	80.43	74.75	79.96	78.13	76.18	76.083	85.00	1.07	820
无锡	80.14	75.23	78.73	78.58	75.89	74.109	85.14	1.14	657
长沙	80.77	74.89	79.70	78.80	76.50	73.553	87.1	1.15	815
青岛	80.48	75.28	78.99	77.70	76.27	76.499	88.3	1.26	939

注:2019 年 CEI 数据来源于 CEI 官网;CCI 数据来源于信用中国官网,为 2019 年 12 月监测结果,其中天津和宁波两地没有进入排行榜,其得分数据没有公布,用本期排行榜最低分替代;GDP 和常住人口数据为 2018 年数据,均来源于各地统计年鉴。

第四节　指数验证与结果分析

一、指数验证

由于目前尚缺乏权威部门或同类研究结果作为评判本章提出的测算方法和测算结果有效性和稳健性的直接证据,在现有技术条件下,可以考虑用国内另外两个较为权威的信用指数进行关联性验证。这两个指数分别是中国城市商业信用环境指数(CEI 指数)和全国城市综合信用指数(CCI 指数)。前者由中国商业信用环境指数课题组编制发布,后者由国家信息中心中国经济信息网编制发布。两个指数均以国内主要大中城市为测评对象,但侧重点有所不同,前者侧重于城市的商务诚信和营商环境评价,后者更侧重于城市信用体系建设评价。但无论是城市信用环境,还是城市信用体系建设,均与城市信用治理满意度之间存在关联,因为城市的信用环境越理想,城市信用体系建设水平越高,公众对城市信用治理的满意度自然就会越高,反之满意度越低。因此,本章将2019 年 17 个样本城市的 CEI 指数和 CCI 指数作为解释变量,与因变量 STI 指数分别进行回归检验,如果结果显著,那便验证了本章提出的测算方法和测算结果是有效且稳健的。

由于经济发展水平和城市规模可能会对 CEI 指数、CCI 指数和 STI 指数回归结果产生影响,为能更客观地反映 CEI 指数和 STI 指数,CCI 指数和 STI 指数之间的关系,在用 SPSS 软件对上述变量进行回归检验之前,将其中的经济发展水平和城市规模作为干扰变量进行控制,其中经济发展水平和城市规模分别用 GDP 和常住人口(PEO)来衡量。由于研究时 2019 年各地的 GDP 和常住人口数据还未全部公布,考虑到 GDP 总量和城市规模数据一般并不会在相邻年度间发生巨大变动,因此用 2018 年的数据加以替代。

STI 指数与 CEI 指数的线性回归结果为

$$STI = 56.496^* + 0.260^* \cdot CEI - 0.055 \cdot PEO + 0.080 \cdot GDP$$

$$s.e = (0.351) \quad (0.072) \qquad (0.066) \qquad (0.351)$$

$$t\ 值 = (11.176) \quad (3.634) \qquad (-0.826) \qquad (0.228)$$

$$R^2 = 0.834 \qquad F\ 值 = 21.706$$

STI 指数与 CCI 指数的线性回归结果为

$$STI = 57.185^* + 0.207^* \cdot CCI - 0.058 \cdot PEO + 0.993^* \cdot GDP$$

$$s.e = (8.002) \quad (0.094) \qquad (0.083) \qquad (0.224)$$

$$t\ 值 = (7.146) \quad (2.208) \qquad (-0.702) \qquad (4.442)$$

$$R^2 = 0.756 \qquad F\ 值 = 13.425①$$

从上述结果看,两个回归方程的拟合优度整体较高,方差检验结果显示回归方程均存在统计意义。在加入控制变量 GDP 和 PEO 之后,STI 与 CEI,STI 与 CCI 之间的回归系数均在 1% 水平上显著,且回归系数均显著大于 0。这表明,回归结果最终支持 STI 与 CEI、STI 与 CCI 之间存在正向因果关联。因此,这一结论也就证实了基于舆情大数据的 STI 指数是切实可行的。

二、结果分析

从全国 17 个 GDP 超万亿元城市信用治理总体满意度分析来看,2019 年,17 个样本城市 STI 总指数平均值为 76.9,根据 STI 的初始设定标准,可判断满意度较 2018 年上升,处于基本满意的水平,但各城市仍然有进一步提升的空

---

① * 表示在 1% 水平上显著。

间。其中,排名前 5 位的城市依次为北京、上海、重庆、杭州和成都,排名后 5 位的依次为青岛、南京、宁波、无锡和佛山。STI 总指数最高的北京为 79.5,最低的佛山为 75.67,各大城市之间的满意度差距并不十分明显。究其原因,应该与上述城市间本身经济发展水平和社会治理能力差距并不明显有关。

从公众信用感知度分析来看,17 个样本城市中,2019 年 TT 指数最高的城市为北京,最低的城市为无锡。从公众舆情效应分析来看,上海的 EI 指数最高,佛山的 EI 指数最低。从监测的正/负舆情关键词来看,2019 年,17 个样本城市 4 个领域全部正面舆情关键词的检索和资讯热度为负面舆情热度的 1.5 倍,其中最高的上海为 1.6 倍,最低的佛山为 1.4 倍。

从政务、商务、社会、司法四大领域的满意度比较来看,2019 年,政务诚信治理满意度最高,17 个样本城市的政务诚信 STI 指数平均值为 81.3;其次为社会诚信治理满意度和司法公信治理满意度,STI 指数分别为 79.4 和 78.4;满意度最低的为商务诚信治理满意度,STI 指数为 75.2。从 17 个样本城市的横向对比来看,2019 年,政务诚信治理满意度、商务诚信治理满意度、司法公信治理满意度最高的城市均为北京,社会诚信治理满意度最高的城市为上海。17 个城市中,政务诚信治理满意度、社会诚信治理满意度和司法公信治理满意度最低的城市均为佛山,商务诚信治理满意度最低的城市为杭州。

第五节　小结

本章对网络环境下公众感知和网络情绪对城市信用治理满意度的影响进行了理论探讨,并提出了基于网络舆情大数据的满意度指数编制方法。通过文本挖掘,建立信用关键词库,借助百度指数搜索引擎,测算基于公众搜索、资讯热度的网络感知度,以及基于正/负舆情热度的网络舆情效应,并以 2019 年国内 17 个 GDP 超万亿元超大、特大城市为研究对象,对各市政务、商务、社会、司法四大领域的信用治理满意度进行了实证分析。

研究发现:第一,17 个样本城市的公众对 2019 年城市信用治理基本满意,但仍有进一步提升的空间,其中政务诚信满意度最高,商务诚信满意度最低;第二,各样本城市间满意度差距并不十分明显;第三,满意度与城市信用环境、城市信用体系建设存在正向关联,表明营造良好的城市信用环境,继续推动城市信用体系建设,有助于进一步提升公众对城市信用治理的满意程度。

　　研究认为:基于舆情大数据的信用治理满意度测算方法,尽管在选词方法、词库积累、噪声处理等方面还有待进一步完善,但总体而言,具有很强的操作性,可实现跨区域、跨领域、多维度的实时动态跟踪监测,该方法不仅可以用于城市信用治理的满意度评价,同时对政府公共服务满意度评价、消费者满意度评价、网络舆情监测评价等都具有较好的借鉴意义,是一种较为经济可行的满意度指数解决方案。

第四章 基于公共信用大数据的镇街信用监测评价

在本章中,笔者将在上一章的基础上,着重对当前条件下实施镇街信用监测的必要性和可行性进行论述,并结合信用"十四五"新阶段镇街信用体系建设的工作重点,针对性地设计出一套完整的镇街信用监测框架体系,包括监测的内容、监测的对象、监测的理论框架体系、监测的指标体系及监测的模型。最后,结合团队 2020—2021 年在某地实施的一次大范围镇街信用监测实践案例,对公共信用大数据环境下该监测方案的可行性进行验证,从而为各地实施镇街信用监测提供可行的解决方案。

第一节 实施镇街信用监测的必要性和可行性

一、必要性

第一,通过监测来填补国家监测体系在基层的空白,发挥"试金石"的作用。从 2015 年开始,国家发改委便委托第三方对全国主要城市的社会信用体系建设实施监测,建立并修订完善城市信用监测预警指标体系,实现对全国 36 个省会及副省级城市、261 个地级城市和 375 个县级城市开展信用监测评价,并通过"全国城市信用状况监测平台"实时发布评价结果。全国层面的城市信用监测评价主要集中在县级以上中心城市,目前尚无法覆盖到乡镇(街道)这一中国最庞大、最基层单位。因此,无法准确评估镇街的社会信用体系建设现状和建设进程。进一步将信用监测下沉,填补基层信用监测的空白,显得十分必要。

第二,推动基层信用体系规范发展,发挥"指挥棒"的作用。目前,各地基层社会信用体系建设普遍暴露出基层信用意识淡薄,信用组织保障能力不足,信用工作不规范,积极性不高,失信高发频繁等问题,致使建设进程严重滞后,成为整个社会信用体系建设中的薄弱一环,离高质量发展目标存在较大差距。通过推动基层信用监测,明确建设现状,全面评估和动态跟踪各地信用体系建设的进程;明确建设重点,及时发现各街道(乡镇)信用建设中的薄弱环节,避免低水平的重复建设,以评促建,以评促改;明确建设路径,推动基层信用建设的规范化、法治化水平。

第三,示范带动基层广泛参与信用体系建设,发挥"风向标"作用。目前,乡镇(街道)在信用体系建设实践探索过程中,也积累了许多宝贵的经验,形成了一些较好的做法。通过推动基层信用监测,挖掘各地在信用体系建设中的特色和亮点,树立一批典型,形成可供借鉴复制的样板和范式,调动城市各级政府管理部门工作的积极性和主动性,引导更多乡镇(街道)学习先进经验做法,并因地制宜,创新思路,形成"百花齐放"的格局。

二、可行性

第一,社会信用监测评价的政策依据日益完善。从 2014 年出台《社会信用体系建设规划纲要(2014—2020 年)》,对社会信用体系建设提出顶层设计构想以来,仅国务院层面出台的与社会信用体系建设直接相关的政策文件就多达 8 个(具体见表 4-1),部级层面的文件更是多达数百个。尽管社会信用上位法还未正式发布,但立法已进入实质性阶段。目前全国已有 15 个省(区、市)完成省级层面信用立法,此外还有不少城市完成了市级层面的信用立法。日益完善的政策法规制度,为从国家到地方的信用监测工作提供了最强有力的支撑。

第二,社会信用监测评价的学术理论逐渐成熟。在社会信用监测评价的学术理论研究层面,通过对中国知网百余篇高引文献的梳理,发现国内学术领域在社会信用环境评价、社会信用体系建设评价、政务诚信评价、司法公信评价、营商环境评价、金融信用生态环境评价、典型行业企业诚信评价、重点人群职业诚信评价八个方面,做了较为全面深入的研究,形成了一套较为系统完整的、具有鲜明中国特色的社会信用评价理论方法体系,为实施镇街信用监测评价奠定了较好的学术理论支撑。

第三,社会信用监测评价的实践经验日渐丰富。国家层面的城市信用监测为开展镇街信用监测提供了丰富的实践经验,基本实现了全国省会及副省级以上城市、地级市和县级市的全覆盖。在地方层面,随着信用工作的重心逐步下沉,部分城市通过加大基层建设工作考核力度,层层压实责任,并启动对乡镇(街道)信用体系建设工作的动态监测和试评估。以杭州为例,从 2020 年起,杭州市便将 13 个区(县、市)的镇街信用监测纳入工作考核。当年,余杭区(含现在的临平区)、西湖区、富阳区、建德市等部分区(县、市)率先启动镇街信用监测工作,委托第三方对辖区内全部乡镇(街道)的信用体系建设工作实施动态监测评估。从全国到地方的实践表明,实施镇街信用监测的条件已基本成熟。

第四,基于大数据的信用监测评价技术日趋成熟。全国城市信用状况监测依托全国信用信息共享平台和大数据监测技术,从信用制度和基础建设、营商环境、信用监管、权益保护四大方面对纳入监测范围的城市信用状况开展动态监测评价,形成城市综合信用指数及排名。监测数据来源主要依据全国信用信息共享平台及各城市共享的城市信用数据,同时包括部分政府网站、信用网站、重点媒体等互联网网站的公开信息等。这种自上而下的监测模式,更适合对宏观和中观层面的对象实施监测。但到了微观层面,由于区分镇街的信用状况对数据辨识度有较高的要求,但公共信用平台的信息数据颗粒度较粗糙,许多数据是由各个部门报送的半结构化和非结构化数据,甚至连基本的镇街分类标签都没有,致使该监测下沉到区(县、市)一级已基本无可用数据指标,再往下延伸到乡镇(街道)一级,这一问题更加严重。因此,实施基层的信用监测需要自下而上,从数据的源头出发,运用大数据的技术手段,对公共信用信息平台上大量半结构化和非结构化的信用数据进行清洗,提升基础数据的质量和精度,挖掘满足镇街监测要求的指标数据。自下而上的基层信用监测和自上而下的全国监测相结合,最终将形成一个完整的监测网络,大大改善国家监测的准确度,起到相互补充和相互验证的功效。

第二节　镇街信用监测的重点内容

当前镇街信用体系建设应围绕政府、市场和社会三类主体,重点做好

"三聚焦一强化一推动",即聚焦面向基层政府的政务诚信体系建设,聚焦面向市场主体的信用监管体系建设,聚焦面向社会公众的信用治理体系建设,同时,强化支撑镇街信用的保障体系建设,推动镇街信用的服务体系建设。

一、聚焦面向基层政府的政务诚信体系建设

政务诚信是社会信用体系建设的关键,对其他社会主体诚信建设发挥着重要的表率和导向作用。乡镇和街道等各类政务主体的诚信建设是基层信用体系建设的重中之重。《国务院关于加强政务诚信建设的指导意见》(国发〔2016〕76号)中特别指出要加强街道和乡镇政务诚信建设,建立街道和乡镇公开承诺制度,加大街道和乡镇政务、财务等公开力度,将各项工作守信践诺情况纳入街道和乡镇绩效考核体系。鼓励有条件的地区开展诚信街道和诚信乡镇创建活动。实施区域政务诚信大数据监测预警。《国务院关于印发社会信用体系建设规划纲要(2014—2020年)》(国发〔2014〕21号)指出,发挥政府诚信建设示范作用。各级人民政府首先要加强自身诚信建设,以政府的诚信施政,带动全社会诚信意识的树立和诚信水平的提高。推动创新示范,探索建立地方政府信用评价标准和方法。2020年5月,《中共中央 国务院关于新时代加快完善社会主义市场经济体制的意见》指出,建立政务诚信监测治理体系,建立健全政府失信责任追究制度。

二、聚焦面向市场主体的信用监管体系建设

基层市场主体众多,是信用监管的"一线阵地"。《国务院办公厅关于加快推进社会信用体系建设构建以信用为基础的新型监管机制的指导意见》(国办发〔2019〕35号)中指出,要以加强信用监管为着力点,创新监管理念、监管制度和监管方式,建立健全贯穿市场主体全生命周期,衔接事前、事中、事后全监管环节的新型监管机制,不断提升监管能力和水平,进一步规范市场秩序,优化营商环境,推动高质量发展。2020年1月1日,《优化营商环境条例》(国令第722号)正式施行,文件强调创新和完善信用监管,强化信用监管的支撑保障,加强信用监管的组织实施,不断提升信用监管效能。2020年5月11日,《中共中央

国务院关于新时代加快完善社会主义市场经济体制的意见》提出要构建适应高质量发展要求的社会信用体系和新型监管机制,加强市场监管改革创新,健全以"双随机、一公开"监管为基本手段、以重点监管为补充、以信用监管为基础的新型监管机制。由此可见,面向市场主体的信用监管体系建设,是当前镇街信用体系建设的着力点。

三、聚焦面向社会公众的信用治理体系建设

基层治理是国家治理的基石。乡镇(街道)是基层社会治理的主阵地,是社会治理中服务群众的"最后一公里"。《中共中央关于坚持和完善中国特色社会主义制度　推进国家治理体系和治理能力现代化若干重大问题的决定》中提出,要构建基层社会治理新格局。《中共中央　国务院关于加强基层治理体系和治理能力现代化建设的意见》指出,统筹推进乡镇(街道)和城乡社区治理,是实现国家治理体系和治理能力现代化的基础工程。社会信用体系是社会主义市场经济体制和社会治理体制的重要组成部分。信用是社会治理的重要手段,与政治、自治、法治、德治、智治相结合的基层治理体系天然契合。首先,诚实守信是基层社会德治的重要内容,是推动基层群众自治的重要抓手。通过宣扬社会主义诚信文化、诚信理念,推动基层群众道德素质的养成,自觉遵守社会的基本公序良俗,抵制陈规陋习,以自我管理、自我服务、自我教育、自我监督实现基层的自治。其次,坚持党对基层治理的全面领导,把基层党组织建设成为领导基层治理的坚强战斗堡垒,必须加强党风廉政建设,筑牢廉洁自律防线。通过依法执政、依法行政,用法治精神和契约精神来提升基层政府的公信力,增强乡镇(街道)的行政执行能力和村(社区)的组织动员能力。最后,以公共信用信息平台为代表的信用基础设施和信用信息为基层社会的数字化治理提供了重要支撑,各类信用应用产品和信用服务为基层社会的智治提供了有效的治理工具和手段。由此可见,信用是社会治理的重要手段,面向社会公众的信用治理体系建设,是当前镇街信用体系建设的基础。

四、强化镇街信用保障体系建设

信用保障体系是镇街信用体系建设的有力支撑。《社会信用体系建设规划

纲要（2014—2020 年）》指出，要从强化责任落实、加大政策支持、实施专项工程、推动创新示范、健全组织保障，建立实施支撑体系。要加快信用信息系统建设和应用，推进信用信息的交换与共享；完善以奖惩制度为重点的社会信用体系运行机制，构建守信激励和失信惩戒机制，建立健全信用法律法规和标准体系。《国务院办公厅关于加快推进社会信用体系建设 构建以信用为基础的新型监管机制的指导意见》（国办发〔2019〕35 号）中指出，强化信用监管的支撑保障，着力提升信用监管信息化建设水平、大力推进信用监管信息公开公示、充分发挥"互联网＋"、大数据对信用监管的支持作用。由此可见，要建成面向基层政府的政务诚信体系、面向市场主体的信用监管体系、面向社会公众的信用治理体系这三大体系，必须通过强化镇街信用保障体系建设来提供有力支撑。

五、推动镇街信用服务体系建设

以信用奖惩为核心的服务体系是推进镇街信用体系建设的动力。只有解决好信用的奖惩问题，让守信者享有更好的信用应用与服务，让失信者受到约束并承担应有惩处，才能体现出信用的最大价值，从而为镇街信用监测工作的持续开展提供源源不竭的推动力。因此，必须挖掘基层的信用创新与创造能力，在信用服务地方行政管理、服务行业监管、服务基层社会治理、服务市场交易，以及降低信任成本等方面提供更多信用应用与服务的场景。《国务院关于印发社会信用体系建设规划纲要（2014—2020 年）的通知》（国发〔2014〕21 号）、《国务院关于建立完善守信联合激励和失信联合惩戒制度 加快推进社会诚信建设的指导意见》（国发〔2016〕33 号）、《关于在行政管理事项中使用信用记录和信用报告的若干意见》、《国务院办公厅关于加快推进社会信用体系建设 构建以信用为基础的新型监管机制的指导意见》（国办发〔2019〕35 号）等一系列重要政策文件中都有大量关于信用联合奖惩机制建设的论述。由此可见，要建成面向基层政府的政务诚信体系、面向市场主体的信用监管体系、面向社会公众的信用治理体系这三大体系，必须通过镇街信用服务体系建设来为其提供强大动力。

第三节 镇街信用监测的主要对象

镇街信用体系建设的监测对象主要包括政府、市场和社会三大主体(见图 4-1)。它们数量庞大,情况复杂,却身处一线,是各项工作的根基,发挥着重要的桥梁与纽带作用。

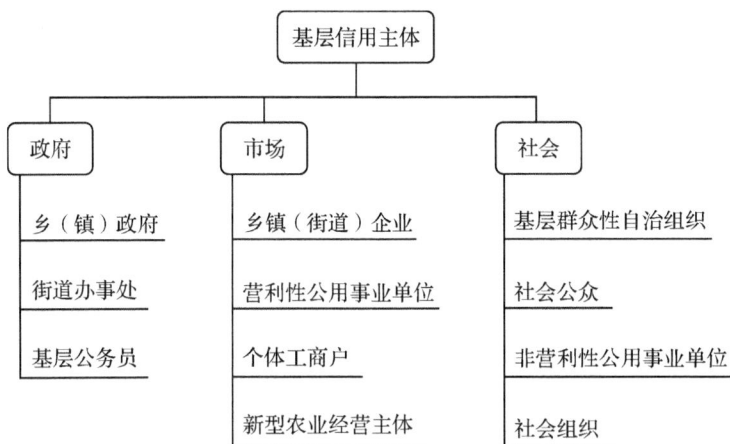

图 4-1 镇街信用监测的主要对象

一、政府主体

政府主体主要包括基层政府[包括乡(镇)人民政府、街道办事处]及基层公务员。严格来说,基层政府主体的监测对象还包括各地政府职能部门及其公务人员。但实际的情况是一般地方政府职能部门并不是严格按照行政区划来划分的。例如,区(县、市)一级有属地市场监管局,但到了乡镇(街道)一级则并不是每个乡镇(街道)都对应一个市场监管所,不少地方一个市场监管所管理一个片区(涉及多个乡镇或街道范围),而且一般区(县、市)政府所在地对应的乡镇(街道)往往政府职能部门较为集中。这种情形下,按照乡镇和街道口径对政府职能部门及其公务员进行统计和实施监测排名,在现实中无法实现,也不具有横向可比性。另外,基层公用事业单位及其工作人员、村(居)委会等基层群众性自治组织、基层党组织、地方行业社会组织虽然不是政府部门,但也承担了提供地方公务服务管理的职能,这类主体不是政府部门和公职人员,但由于其公共属性,监测分类时可以考虑将其归为政务诚信监测范畴。

二、市场主体

以营利为目的的市场主体主要包括注册地或者实际运营地在街道(乡镇)的各类企业、营利性的公用事业单位(如供水、供电、供气、交通、通信等单位)、个体工商户和新型农业经营主体(如家庭农场、农民专业合作社、专业大户、农业企业、休闲农业等)。这里有几个问题需要解决:第一,一家在甲街道注册登记的企业在乙街道发生的违法违规行为,应该按照登记注册地还是按照实际运营地来归类统计?在分类统计的技术可实现性上,按照登记注册地统计较为方便;但从监测的实际情况来看,按照实际运营地分类更具意义,因为这家企业在当地的不诚信行为与当地的诚信营商环境和有效管理息息相关。第二,基层大量的市场主体中谁是重点监测对象?理论上所有在属地运营的市场主体都应成为监测对象,但从镇街信用监测的现实意义角度看,更应从细微处入手,重点关注那些地方上数量众多,群体庞大,且与当地民众生产生活息息相关的小微企业、个体工商户、新型的农业经营主体。

三、社会主体

社会主体主要包括基层群众性自治组织(村民委员会和社区居民委员会)、辖区内从事生产生活的当地居民(村民)和外来流动人口、注册地或者实际运营地在街道(乡镇)的非营利性公用事业单位(如从事教育、科技、文化、卫生等活动的社会服务组织)、各类社会组织(如宗教、科技、文化、艺术、慈善事业等社会群众团体)。

第四节　镇街信用监测的理论框架体系

围绕政府、市场、社会三类主体,结合当前社会信用体系建设的主要内容和工作重点,镇街信用体系监测应做好五大方面工作(见图4-2)。一是面向基层政府的政务诚信建设成效监测。基层政府的政务诚信体系建设是镇街信用体系建设的关键,对其他两类主体起引领和表率的作用。政务诚信建设监测具体包括打造"阳光政府""法治政府""廉洁政府""信用政府""服务型政府"五大政府的监测。二是面向市场主体的信用监管成效监测。针对各类市场主体的信用监管体系建设是镇街信用体系建设的重点或着力点,具体包括市场主体风险预判预警、市场失信治理、市场诚信褒扬和信用监管实施的监测。三是面向社

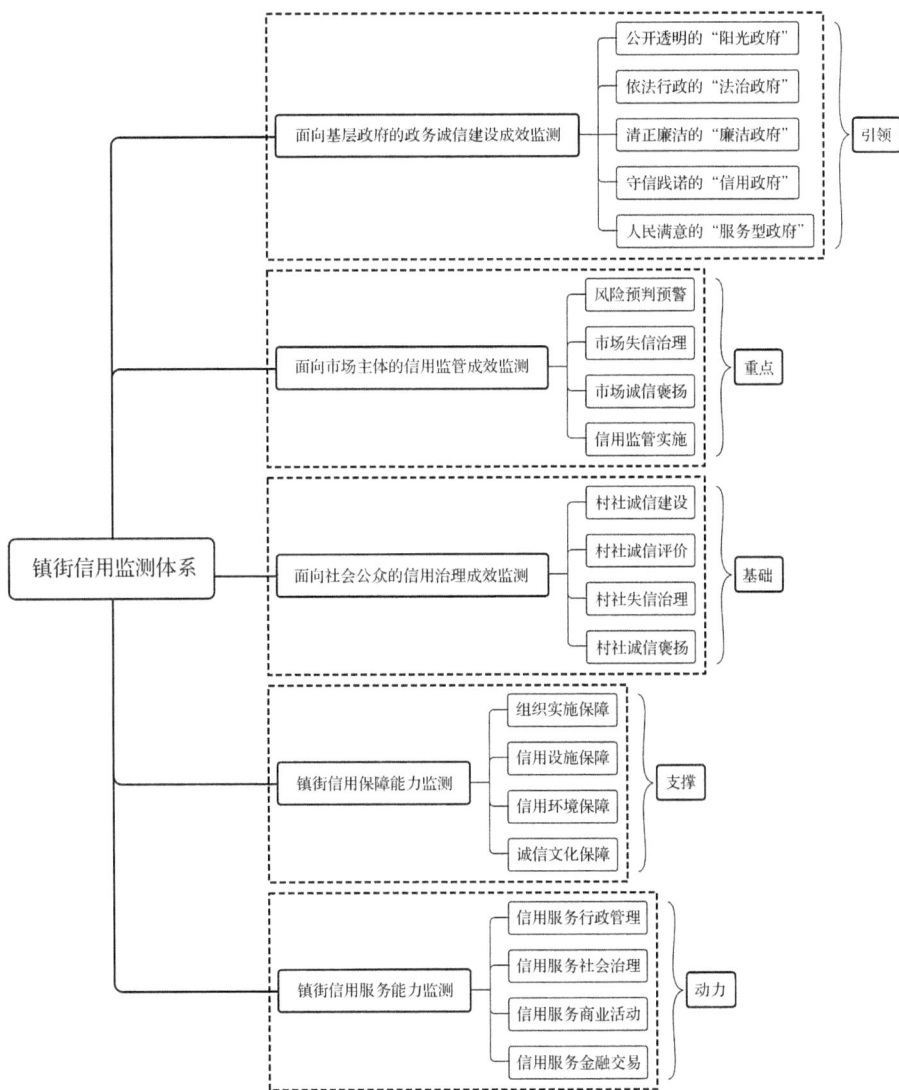

图 4-2　镇街信用监测的理论框架体系

费公开等。

（二）依法行政，打造"法治政府"

依法行政是政府公信力的生命线。党的十九大报告中指出，全面依法治国是中国特色社会主义的本质要求和重要保障。坚持依法治国、依法执政、依法行政共同推进，坚持法治国家、法治政府、法治社会一体化建设。《法治政府建设实施纲要（2015—2020年）》中提出了关于衡量法治政府的"七项标准"，即政府职能依法全面履行、依法行政制度体系完备、行政决策科学民主合法、宪法法律严格公正实施、行政权力规范透明运行、人民权益切实有效保障、依法行政能力普遍提高。同时强调，各级党委要把法治建设成效作为衡量各级领导班子和领导干部工作实绩的重要内容，纳入政绩考核指标体系，充分发挥考核评价对法治政府建设的重要推动作用。因此，打造依法行政的"法治政府"，在面向基层政府的政务诚信监测内容上，应重点做好对基层政府法治建设"七项标准"成效的评价。具体监测指标包括行政复议件中结果维持案件比例、行政诉讼件中结果维持案件比例、生效行政败诉案件总数、信访件总数、未按期办结信访件总数、上级对镇街政府履职考核结果。

（三）清正廉洁，打造"廉洁政府"

清正廉洁是政府公信力的基石。党的十八大提出建设廉洁政治的重大任务，要求做到干部清正，政府清廉，政治清明。《中共中央关于加强党的政治建设的意见》中指出，坚决反对腐败，建设廉洁政治是涵养政治生态的必要条件和重要任务，要让人民群众真正感受到清正干部、清廉政府、清明政治就在身边。廉洁政府既包含政府公职人员个体廉洁，也包含政府整体廉洁，即节制行政开支，降低行政成本。行政成本包括政府机构的维持成本、决策成本和决策失误所造成的损失、组织实施和管理成本、寻租性腐败成本、政府负面形象的无形成本等。因此，打造清正廉洁的"廉洁政府"，在面向基层政府的政务诚信监测内容上，应重点做好对基层政府公职人员廉洁、节制政府开支和降低行政成本成效的评价。具体监测指标包括基层公职人员职务犯罪案件量、被党纪及政务处分公务员人数、职务犯罪公务员数量、基层政府"三公"经费支出占比、基层公务员诚信档案覆盖率等。

（四）守信践诺，打造"信用政府"

政府在社会信用体系建设中起表率作用。《社会信用体系建设规划纲要

（2014—2020 年）》（国发〔2014〕21 号）指出，要加快政府守信践诺机制建设，严格履行政府向社会做出的承诺。各级人民政府对依法做出的政策承诺和签订的各类合同要认真履约和兑现，把政务履约和守诺服务纳入政府绩效评价体系。同时强调发挥政府诚信建设示范作用，以政府的诚信施政，带动全社会诚信意识的树立和诚信水平的提高。因此，打造守信践诺的"信用政府"，在面向基层政府的政务诚信监测内容上，应重点做好对基层政府政务履约、守诺服务和诚信建设示范成效的评价。具体监测指标基层政府采购合同履约率、基层政府拖欠各类款项金额、基层政府财政自给率、基层政府应用公共信用记录、基层政府诚信宣传活动开展等。

（五）人民满意，打造"服务型政府"

转变政府职能，建设人民满意的服务型政府是增强政府公信力和执行力的重要手段，是诚信政府的重要体现。党的十六届六中全会首次在党的文件中提出建设服务型政府的明确要求。党的十八大报告、十九大报告、十九届四中全会决定中都有关于建设人民满意服务型政府的论述。党的十八大报告提出，深入推进政企分开、政资分开、政事分开、政社分开，建设职能科学、结构优化、廉洁高效、人民满意的服务型政府。党的十九大报告提出，转变政府职能，深化简政放权，创新监管方式，增强政府公信力和执行力，建设人民满意的服务型政府。2019 年，党的十九届四中全会审议通过的《中共中央关于坚持和完善中国特色社会主义制度　推进国家治理体系和治理能力现代化若干重大问题的决定》中进一步提出，必须坚持一切行政机关为人民服务、对人民负责、受人民监督，创新行政方式，提高行政效能，建设人民满意的服务型政府。2017 年，中共中央办公厅、国务院办公厅印发《关于加强乡镇政府服务能力建设的意见》提出，要强化乡镇政府服务功能，改进乡镇政府服务绩效评价奖惩机制。可见，尽管关于服务型政府的表述在不断演化，但让人民群众满意的根本目标始终不变。因此，打造"服务型政府"，在面向基层政府的政务诚信监测，应将人民群众满意度作为基层政府政务诚信监测的根本内容和评价标准。具体监测指标包括镇街便民服务中心人均办件量、镇街便民服务中心办件满意度、基层矛盾纠纷调处化解案件量、基层矛盾纠纷调处化解满意度、基层政府信访满意率、基层政务服务好差评等。

二、面向市场主体的信用监管成效监测指标体系

面向基层各类市场主体构建以信用监管为基础的新型监管体系,在监测指标体系设置上,可从市场主体风险预判预警、市场失信治理、市场诚信褒扬和信用监管实施四个维度实施监测,构建贯穿市场主体全生命周期的信用监管体系(见表4-2)。

表4-2　面向市场主体的信用监管成效监测指标体系

监测维度	监测内容	监测指标示例
风险预判预警	1.市场主体信用评价 2.主体风险主动识别	1.纳税信用等级评价 2.环保信用等级评价 3.商务守法诚信评价 4.市监"守重"评价 5.经营异常市场主体数量 6.被冻结股权所占市场主体数量 7.(恶意)欠税市场主体数量 8.(恶意)欠税金额 9.社保欠费市场主体数量 10.社保欠费金额 11.食品监督抽查不合格主体数量 12.药品监督抽查不合格主体数量 13.产品抽查不合格主体数量 14.环保违法案件数量 15.生产安全事故数量 16.企业破产清算案件量 17.企业未履行生效裁判案件量 18.企业未履行生效裁判案件未执行金额
市场失信治理	1.失信黑名单 2.行政处罚 3.行政强制 4.虚假诉讼	1.新增失信黑名单数量 2.失信黑名单累计存量 3.行政处罚数量 4.行政处罚金额 5.不履行行政决定而被依法行政强制执行的案件量 6.不履行行政决定而被依法行政强制执行的案件金额 7.虚假诉讼案件量

续表

监测维度	监测内容	监测指标示例
市场 诚信 褒扬	1.红名单 2.行政奖励 3.荣誉表彰	1.新增企业守信红名单数量 2.企业红名单累计存量 3.获行政奖励市场主体数量 4.诚信示范企业数量 5.农民示范合作社数量 6.企业诚信荣誉表彰
信用 监管 实施	1.全周期监管 2.联合监管 3.协同监管 4.行业自治	1.新增信用承诺市场主体数量 2.信用承诺市场主体累计数量 3.新增行政公示市场主体数量 4.行政公示市场主体累计数量 5.完成信用修复市场主体数量 6.部门联动监管 7.社会协同监管 8.行业协会商会自律

（一）风险预判预警维度

主要监测内容包括市场主体信用评价、主体风险主动识别等方面。具体监测指标包括纳税信用等级评价、环保信用等级评价、商务守法诚信评价、市监"守重"评价、经营异常市场主体数量、被冻结股权所占市场主体数量、(恶意)欠税市场主体数量、(恶意)欠税金额、社保欠费市场主体数量、社保欠费金额、食品监督抽查不合格主体数量、药品监督抽查不合格主体数量、产品抽查不合格主体数量、环保违法案件数量、生产安全事故数量、企业破产清算案件量、企业未履行生效裁判案件量、企业未履行生效裁判案件未执行金额等。

（二）市场失信治理维度

主要监测内容包括失信黑名单、行政处罚、行政强制、虚假诉讼等方面。具体监测指标包括新增失信黑名单数量、失信黑名单累计存量、行政处罚数量、行政处罚金额、不履行行政决定而被依法行政强制执行的案件量、不履行行政决定而被依法行政强制执行的案件金额、虚假诉讼案件量等。

（三）市场诚信褒扬维度

主要监测内容包括红名单、行政奖励、荣誉表彰等方面。具体监测指标包括新增企业守信红名单数量、企业红名单累计存量、获行政奖励市场主体数量、诚信示范企业数量、农民示范合作社数量、企业诚信荣誉表彰等。

（四）信用监管实施维度

主要监测内容包括全周期监管、联合监管、协同监管、行业自治等方面。具体监测指标包括新增信用承诺市场主体数量、信用承诺市场主体累计数量、新增行政公示市场主体数量、行政公示市场主体累计数量、完成信用修复市场主体数量、部门联动监管、社会协同监管、行业协会商会自律等。

三、面向社会公众的信用治理成效监测指标体系

面向社会公众的信用治理成效监测，主要从村（社）诚信建设、村（社）诚信评价、村（社）失信治理、村（社）诚信褒扬四个维度实施（见表4-3）。

表4-3 面向社会公众的信用治理成效监测指标体系

监测维度	监测内容	监测指标示例
村（社）诚信建设	1.村（社）务公开 2.村（社）干部诚信 3.村（社）规民约 4.村（社）诚信宣传 5.村（社）公益慈善	1.村（社）务财务和自治事务公开 2.村（社）干部和党员干部诚信档案建设 3.村（社）规民约制定发布执行监督情况 4.诚信宣传进村（社）次数 5.诚信典型及报道次数 6.注册志愿者数量 7.志愿者服务人次 8.志愿者服务时长 9.慈善捐赠金额
村（社）诚信评价	1.地方特色信用分推广 2.个人诚信评价 3.个人家庭诚信评价 4.非营利性公用事业单位诚信评价 5.社会组织 6.成员诚信评价	1.城市个人诚信分的开通率 2.获得个人诚信积分的人数 3.个人诚信积分推广覆盖率 4.获得家庭诚信分的户数 5.家庭诚信积分推广覆盖率 6.非营利性公用事业单位诚信评价开展 7.社会组织诚信评价开展
村（社）失信治理	1.村（居）委会失信治理 2.新型农业经营主体失信治理 3.村（居）民失信治理	1.村（居）委会被列入失信黑名单数量 2.村（社）干部被列入失信黑名单数量 3.村（居）委会被列入被执行人名单人数 4.村（社）干部被列入被执行人名单人数

续表

监测维度	监测内容	监测指标示例
		5.村(社)干部职务犯罪案件量 6.村(社)干部被党纪或政务处分人数 7.新型农业经营主体被列入被执行人情况 8.万人失信率 9.个人未履行生效裁判案件量 10.个人未履行生效裁判案件未执行金额 11.不履行行政决定而被依法行政强制执行的案件发生率 12.涉案刑事判决案件量
村(社) 诚信 褒扬	1.守信红名单 2.荣誉表彰 3.诚信典型案例 4.诚信示范体系评比开展情况	1.每万人中守信红名单人数占比 2.每万人中获得重大荣誉表彰的人数占比 3.获得诚信示范家庭(信用示范户)的户数 4.获得信用示范村(诚信示范社区)的村(社)数 5.获得诚信示范乡镇(街道)的情况

（一）村(社)诚信建设维度

主要监测内容包括村(社)务公开、村(社)干部诚信、村(社)规民约、村(社)诚信宣传、村(社)公益慈善等方面。具体监测指标包括村(社)财务和自治事务公开、村(社)干部和党员干部诚信档案建设、村(社)规民约制定发布执行监督情况、诚信宣传进村(社)次数、诚信典型及报道次数、注册志愿者数量、志愿者服务人次、志愿者服务时长、慈善捐赠金额等。

（二）村(社)诚信评价维度

主要监测内容包括地方特色信用分推广、个人诚信评价、村(居)民家庭诚信评价、非营利性公用事业单位诚信评价、社会组织及成员诚信评价。具体监测指标包括个人诚信积分的开通率、获得个人诚信积分的人数、个人诚信积分推广覆盖率、获得家庭诚信积分的户数、家庭诚信积分推广覆盖率、非营利性公用事业单位诚信评价开展、社会组织诚信评价开展等。

（三）村(社)失信治理维度

主要监测内容包括村(居)委会失信治理、新型农业经营主体失信治理、村(居)民失信治理。具体监测指标包括村(居)委会被列入失信黑名单数量、村(社)干部被列入失信黑名单数量、村(居)委会被列入被执行人名单人数、村(社)干部被列入被执行人名单人数、村(社)干部职务犯罪案件量、村(社)干部被党纪或政务处分人数、新型农业经营主体被列入被执行人情况、万人失信率、个人未履行生效裁判案件量、个人未履行生效裁判案件未执行金额、不履行行政决定而被依法行政强制执行的案件发生率、涉案刑事判决案件量等。

(四)村(社)诚信褒扬维度

主要监测内容包括村社集体或村(居)民获得守信红名单、荣誉表彰、诚信典型案例等情况,以及诚信示范个人、诚信示范户、诚信示范村社、诚信示范乡镇(街道)等诚信示范体系评比开展情况。具体监测指标包括每万人中守信红名单人数占比、每万人中获得重大荣誉表彰的人数占比(如道德模范、劳模、文明家庭、杰出青年、功勋志愿者、青年文明号、三八红旗手、工人先锋号、五一劳动奖等)、获得诚信示范家庭(信用示范户)的户数、获得信用示范村(诚信示范社区)的村(社)数、获得诚信示范乡镇(街道)情况。

四、镇街信用保障能力监测指标体系

镇街信用保障体系监测,主要从组织实施保障、信用设施保障、信用环境保障和诚信文化保障四个维度实施(见表4-4)。

表4-4　镇街信用保障能力监测指标体系

监测维度	监测内容	监测指标示例
组织实施保障	1.组织保障 2.人员保障 3.制度保障 4.机制保障 5.经费保障	1.是否成立镇街信用建设领导小组 2.有无镇街专(兼)职信用工作人员 3.有无将信用建设纳入镇街年度工作报告和工作计划 4.有无镇街信用建设规划 5.有无镇街信用工作计划 6.有无镇街信用工作总结 7.镇街信用奖惩机制建设情况 8.有无镇街信用工作考核机制 9.有无镇街信用工作专项建设经费 10.镇街信用建设法治化规范化水平

续表

监测维度	监测内容	监测指标示例
信用设施保障	1.设施保障 2.信息保障 3.技术保障	1.镇街政务信用信息的数字化建设情况 2.镇街信用信息的"应归尽归"情况 3.镇街信用信息与公共信用平台的互联互通情况 4.镇街信用信息与行业信用信息系统的互联互通情况 5.镇街信用信息与地方治理平台的互联互通情况 6.镇街信用信息的安全管理成效
信用环境保障	1.经济环境 2.金融环境 3.营商环境 4.政务环境 5.法治环境 6.社会环境	1.镇街 GDP 增速 2.镇街人均 GDP 3.镇街税收收入占财政收入比重 4.镇街招商引资情况 5.镇街金融诈骗案件的发生率 6.镇街重特大突发公共事件发生率 7.镇街重大突发舆论事件发生率
诚信文化保障	1.诚信宣传教育 2.诚信典型树立与报道 3.诚信人文景观	1.诚信宣传教育进家庭、进村(社)、进校园、进单位、进企业、进市场、进大厅、进媒体、进机关开展情况 2.当地诚信案例被主流媒体报道情况 3.信用案例入选市级及以上信用典型案例情况 4.诚信主题场馆、文化景观建设情况

（一）组织实施保障维度

主要监测支撑镇街信用体系的组织保障、人员保障、制度保障、机制保障和经费保障情况。监测的具体指标包括是否成立镇街信用建设领导小组、有无镇街专(兼)职信用工作人员、有无将信用建设纳入镇街年度工作报告和工作计划、有无镇街信用建设规划、有无镇街信用工作计划、有无镇街信用工作总结、镇街有无信用奖惩机制建设情况、有无镇街信用工作考核机制、有无镇街信用工作专项建设经费、镇街信用建设法治化规范化水平等。

（二）信用设施保障维度

主要监测镇街信用信息化水平建设，包括设施保障、信息保障、技术保障。

具体监测指标包括镇街政务信用信息的数字化建设情况,镇街信用信息的"应归尽归"情况,镇街信用信息与公共信用平台、行业信用信息系统、地方治理平台的互联互通情况,镇街信用信息的安全管理成效等。

（三）信用环境保障维度

主要监测镇街经济环境、金融环境、营商环境、政务环境、法治环境、社会环境等方面。具体监测指标包括镇街 GDP 增速、镇街人均 GDP、镇街税收收入占财政收入比重、镇街招商引资情况、镇街金融诈骗案件的发生率、镇街重特大突发公共事件发生率、镇街重大突发舆论事件发生率等。

（四）诚信文化保障维度

主要监测诚信宣传教育、诚信典型树立与报道、诚信人文景观等方面。具体监测指标包括诚信宣传教育进家庭、进村(社)、进校园、进单位、进企业、进市场、进大厅、进媒体、进机关开展情况,以及当地诚信案例被主流媒体报道情况,信用案例入选市级及以上信用典型案例情况,诚信主题场馆、文化景观建设情况等。

五、镇街信用服务能力监测指标体系

镇街信用服务能力监测,主要从信用服务行政管理、信用服务社会治理、信用服务商业活动、信用服务金融交易四个维度实施(见表 4-5)。

表 4-5　镇街信用服务能力监测指标体系

监测维度	监测内容	监测指标示例
信用服务行政管理	1.信用服务基层政府管理 2.信用服务基层监管执法	信用嵌入基层政府行政审批、行政监督检查、行政许可、行政处罚、行政强制、行政确认、行政征收、行政裁决、行政补偿、行政给付等应用场景的个数、服务人次
信用服务社会治理	1.信用便企 2.信用惠民	信用嵌入基层政府资金补助、项目申报、公共资源交易、招投标、政府采购、专项资金安排、市场准入、资格(质)审核、公职人员招录、就医、入学、就业、养老、补助发放、保障房分配、物业管理等应用场景的个数、服务人次

续表

监测维度	监测内容	监测指标示例
信用服务商业活动	信用在商品和服务买卖过程中的应用	第三方机构在信用＋租赁、信用＋餐饮、信用＋住宿、信用＋购物消费、信用＋旅游、信用＋出行、信用＋创业、信用＋交友、信用＋停车等领域提供的信用应用场景的个数、服务人次、交易规模
信用服务金融交易	信用在金融活动、金融资源交易过程中的应用	地方金融机构在信用＋信贷、信用＋保险、信用＋担保、信用＋应收账款管理等领域的交易规模

（一）信用服务行政管理维度

主要监测信用服务基层政府管理、信用服务基层监管执法方面。具体监测指标包括信用嵌入基层政府行政审批、行政监督检查、行政许可、行政处罚、行政强制、行政确认、行政征收、行政裁决、行政补偿、行政给付等应用场景的个数、服务人次等。

（二）信用服务社会治理维度

主要监测信用便企、信用惠民方面。具体监测指标包括信用嵌入基层政府资金补助、项目申报、公共资源交易、招投标、政府采购、专项资金安排、市场准入、资格（质）审核、公职人员招录、就医、入学、就业、养老、补助发放、保障房分配、物业管理等应用场景的个数、服务人次等。

（三）信用服务商业活动维度

主要监测信用在当地商品和服务买卖过程中的应用情况。具体监测指标包括第三方机构在信用＋租赁、信用＋餐饮、信用＋住宿、信用＋购物消费、信用＋旅游、信用＋出行、信用＋创业、信用＋交友、信用＋停车等领域提供的信用应用场景的个数、服务人次、交易规模等。

（四）信用服务金融交易维度

主要监测信用在当地金融活动、金融资源交易过程中的应用情况。具体监测指标包括地方金融机构在信用＋信贷、信用＋保险、信用＋担保、信用＋应收账款管理等领域的交易规模等。

第六节 基于 TOPSIS 的镇街信用
灰色关联综合评价模型

一、基于 TOPSIS 的灰色关联综合评价方法原理

考虑到镇街信用监测评价更多地应用于建设绩效评估或工作目标考核,以测评各镇街信用体系建设进度与建设目标的达成程度。因此,在评价模型上采用基于 TOPSIS 的灰色关联综合评价方法是较为可行的一个路径。

TOPSIS(逼近理想点方法)是一种依据评价对象与理想目标距离来判断方案优劣的评价方法。它的主要思想是先分别构造最优情形下的方案(即正理想解)和最糟糕情形下的方案(即负理想解),然后分别计算待评估方案到正理想解和负理想解的距离,方案离正理想解越近,且离负理想解越远,表明该方案越佳。灰色关联分析法是一种依据评价对象与最优方案关联程度来判断方案优劣的评价方法。它的主要思想是先设定好最优方案下各项指标的目标值,然后比较各方案与最优方案的关联度,关联度越大,方案就越佳。

TOPSIS 和灰色关联分析法对样本分布和样本量均没有严格限制,且在"贫信息"情形下仍然可以展现出很强的适用性,是非常实用的方法。但 TOP-SIS 以距离作为尺度仅反映数据曲线之间的位置关系,而不能体现数据序列的态势变化(孙晓东等,2005);而灰色关联分析是对曲线形状相似性的衡量,反映了相应序列之间的关联程度,能很好地分析态势变化,但在系统方案的整体评判上存在不足。因此池静静等(2009)提出了基于 TOPSIS 的灰色关联评价方法,将两种方法结合进行取长补短。

二、基本步骤

下面简单介绍基于 TOPSIS 的灰色关联综合评价方法的应用步骤(张发明,2018)。假设有 m 个被评价对象,n 项评价指标,指标值 x_{ij}($1 \leqslant i \leqslant m, 1 \leqslant j \leqslant n$),决策矩阵 $X = (x_{ij})_{m \times n}$,则第 i 个被评价对象的 n 项评价指标比较序列为

$$X_i = \{X_i(1), X_i(2), \cdots, X_i(n)\}(i = 1, 2, \cdots, m)$$

各被评价指标的最优值组成的最优参考序列为

$$X^+ = \{X^+(1), X^+(2), \cdots, X^+(n)\}$$

最劣值组成的最劣参考序列为

$$X^- = \{X^-(1), X^-(2), \cdots, X^-(n)\}$$

基于 TOPSIS 的镇街信用灰色关联综合评价步骤如下。

步骤一：先对原始指标数据序列做方向一致性转换，将指标统一转换为正向指标。然后对转换后的指标进行标准化（张发明，2018），以消除量纲影响。标准化之后第 i 个被评价对象的 n 项评价指标比较序列为：$Y_i = \{Y_i(1), Y_i(2), \cdots, Y_i(n)\}(i = 1, 2, \cdots, m)$。

最优参考序列为：$Y^+ = \{Y^+(1), Y^+(2), \cdots, Y^+(n)\}$。

最劣参考序列为：$Y^- = \{Y^-(1), Y^-(2), \cdots, Y^-(n)\}$。

步骤二：确定指标权重 $W = \{w_j\}(j = 1, 2, \cdots, n)$，权重可以根据研究目的和指标特征采用主观赋权法（如 AHP 法、特征值法、序关系法等）或客观赋权法（如拉开档次法、熵权法、均方差法等）或主客双元赋权法来确权。

步骤三：计算第 i 个被评价对象的比较序列与最优参考序列、最劣参考序列的灰色关联度 R_i^+ 和 R_i^-。

先计算第 i 个被评价对象的比较序列与最优参考序列、最劣参考序列关于第 j 项指标的灰色关联系数。

$$R_{ij}^+ = \frac{\min_i\min_j|Y^+(j) - Y_i(j)| + \omega\max_i\max_j|Y^+(j) - Y_i(j)|}{|Y^+(j) - Y_i(j)| + \omega\max_i\max_j|Y^+(j) - Y_i(j)|}$$

$$R_{ij}^- = \frac{\min_i\min_j|Y^-(j) - Y_i(j)| + \omega\max_i\max_j|Y^-(j) - Y_i(j)|}{|Y^-(j) - Y_i(j)| + \omega\max_i\max_j|Y^-(j) - Y_i(j)|}$$

其中，ω 为分辨系数，$\omega \in [0, 1]$，此处 $\omega = 0.5$。

然后，计算第 i 个被评价对象的比较序列与最优参考序列、最劣参考序列的灰色关联度。

$$R_i^+ = \sum_{j=1}^{n} W_j \cdot R_{ij}^+, R_i^- = \sum_{j=1}^{n} W_j \cdot R_{ij}^-$$

步骤四:计算第 i 个被评价对象的比较序列的灰色关联相对贴近度 C_i:

$$C_i = \frac{R_i^+}{R_i^+ + R_i^-}$$

灰色关联相对贴近度越接近 1,说明被评价对象与最优方案越接近,评价结果越好。

第七节　实证研究

本节以 2020—2021 年笔者团队受某地发改部门委托并具体负责实施的镇街信用监测项目为实证研究的案例,该监测对象下设 16 个乡镇(街道)。

一、数据来源

(一)公共信用信息平台数据

该区独立建有区级公共信用信息平台,同时和市级平台的信用信息已完全实现了互联互通,平台收集了当地 50 多个政府部门和 10 多个公用事业单位的大量守信和失信信息,覆盖政府、事业单位、企业法人、社会组织和个人五大类主体,平台归集的各类信息总量在全国处于前列。但无论是区级还是市级公共信用信息平台,大量监测数据均无法准确定位到具体的乡镇或街道。因此,项目团队依靠政府部门组建的对社会开放的信用大数据实验室,对信用平台上经脱敏处理后的信息数据重新进行了清洗和挖掘,对大量半结构化和非结构化的信息数据按乡镇街道口径归类统计,重点梳理了各乡镇(街道)的各类失信被执行人数据、守信红名单数据、行政处罚数据、行政公示数据、信用承诺数据、信用修复数据等。

(二)部门协调的监管执法数据

在主管部门的协助下,协调采集了包括发改、税务、法院、市场监管、信访、环保、公安、城管、团市委、妇联、文明办、应急管理部门、消防、统计、农业农村局等在内的 20 余个与镇街信用体系建设工作相关度较高的部门监管执法信息,包括各类违法违规数据、荣誉表彰数据、公益慈善数据、各行业公共信用评价结果数据等,并以乡镇(街道)为单位进行了整理。

（三）基层政府主动报送的数据

团队成员历时一个多月，对辖区内的每个乡镇（街道）进行了调研，与基层政府各条线上的负责人和业务骨干进行了深入交谈，以了解他们对当前镇街信用体系建设的看法、主要做法及在实际工作中碰到的困难，对各乡镇（街道）的工作积极性、工作成效进行了主观评价；同时，定期采集各乡镇（街道）的信用组织建设进展、信用便民惠企做法、诚信宣传教育活动、信用应用与创新案例、政务和村务诚信建设等信息数据。

（四）其他数据

除上述数据之外，项目团队以在线调查的方式，向所在地各乡镇（街道）的居民和企业累计发放并回收了 2000 余份问卷，对当地的诚信环境及对基层政府的信用建设满意度进行了调研；同时，运用大数据手段，在基层政府门户网站、各大主流媒体及第三方数据库抓取可用数据。

二、指标体系和权重的确定

此次监测时间为 2020 年，监测指标体系共包括 5 个一级指标、21 个二级指标和 130 余个三级指标（详见表 4－1 至表 4－5）。先对全部逆向指标和适度指标逐一做方向一致性转换；然后采用主观赋权法、线性比例法、功效系数法等多种无量纲化方式对数据进行规范化处理，使得各项指标的得分在[0,100]，得分越高，说明评价对象该项指标的表现越优秀。

在指标权重确定上，对 5 个一级指标采用 AHP 法进行赋权，对各二级、三级指标采用等权方式进行简化处理。一级、二级指标及各自权重如表 4－6 所示。

表 4－6　镇街信用监测指标体系和权重

一级指标及权重	二级指标	二级指标权重
政务诚信建设成效 （0.2400）	公开透明的"阳光政府"	0.0480
	依法行政的"法治政府"	0.0480
	清正廉洁的"廉洁政府"	0.0480
	守信践诺的"信用政府"	0.0480
	人民满意的"服务型政府"	0.0480

一级指标及权重	二级指标	二级指标权重
市场信用监管成效 (0.2276)	风险预判预警	0.0569
	市场失信治理	0.0569
	市场诚信褒扬	0.0569
	信用监管实施	0.0569
社会信用治理成效 (0.2116)	村社诚信建设	0.0529
	村社诚信评价	0.0529
	村社失信治理	0.0529
	村社诚信褒扬	0.0529
镇街信用保障能力 (0.1772)	组织实施保障	0.0443
	信用设施保障	0.0443
	信用环境保障	0.0443
	诚信文化保障	0.0443
镇街信用服务能力 (0.1436)	信用服务行政管理	0.0359
	信用服务社会治理	0.0359
	信用服务商业活动	0.0359
	信用服务金融交易	0.0359

三、最优和最劣评价标准的确定

最优和最劣评价标准的设定上,先以 16 个乡镇(街道)经规范化处理后的各三级指标中的最大值、最小值分别作为当年最优、最劣参考值,然后将各三级指标按其权重加权合计得到二级指标,并以同样的方式得到二级指标的最优、最劣参考值。

四、各维度监测结果

2020 年该辖区 16 个乡镇(街道)5 个一级指标的具体得分情况如表 4-7 至表 4-11 所示。

表 4-7　16 个乡镇(街道)政务诚信建设成效得分情况(2020 年)　　(单位:分)

乡镇(街道)序号	"阳光政府"	"法治政府"	"廉洁政府"	"信用政府"	"服务型政府"	政务诚信建设成效
1	73.95	75.00	88.28	91.58	83.49	82.46
2	72.96	92.50	88.69	86.03	56.34	79.30
3	79.19	95.00	89.23	93.12	87.25	88.76
4	75.92	72.50	87.39	96.61	80.23	82.53
5	73.88	92.50	87.71	83.42	98.87	87.28
6	71.59	87.50	85.38	81.02	98.13	84.72
7	75.74	85.00	88.79	56.94	99.23	81.14
8	84.41	87.50	86.49	100.00	98.72	91.42
9	81.73	95.00	84.97	80.00	98.46	88.03
10	79.81	100.00	88.58	84.81	97.75	90.19
11	87.03	77.50	87.75	83.03	98.18	86.70
12	67.10	100.00	84.81	85.07	97.27	86.85
13	66.24	95.00	81.67	84.89	99.63	85.49
14	67.51	97.50	88.76	82.30	99.69	87.15
15	78.45	97.50	88.47	86.38	100.00	90.16
16	75.12	100.00	88.94	86.55	96.60	89.44
均值	75.66	90.63	87.24	85.11	93.11	86.35
标准差	5.80	8.73	2.01	9.07	11.21	3.40
最优值	87.03	100.00	89.23	100.00	100.00	91.42
最劣值	66.24	72.50	81.67	56.94	56.34	79.30

表 4-8　16 个乡镇(街道)市场信用监管成效得分情况(2020 年)　　(单位:分)

乡镇(街道)序号	风险预判预警	市场失信治理	市场诚信褒扬	信用监管实施	市场信用监管成效
1	78.21	83.50	99.59	66.94	82.06
2	73.80	72.95	99.47	77.75	81.00
3	79.07	51.00	99.52	98.00	81.90

乡镇(街道)序号	风险预判预警	市场失信治理	市场诚信襃扬	信用监管实施	市场信用监管成效
4	87.20	64.23	99.02	66.45	79.23
5	80.18	83.39	100.00	73.27	84.21
6	72.40	90.31	84.55	83.87	82.78
7	82.10	83.64	82.59	80.61	82.23
8	76.79	88.54	78.25	76.54	80.03
9	79.87	81.85	67.61	71.79	75.28
10	74.52	80.65	55.00	86.72	74.22
11	79.17	85.97	80.01	80.63	81.45
12	69.20	91.00	80.04	76.25	79.12
13	63.46	79.64	82.92	77.29	75.83
14	73.07	88.59	82.36	90.63	83.66
15	72.15	85.34	70.75	69.51	74.44
16	79.36	71.57	85.53	90.84	81.83
平均值	76.28	80.14	84.20	79.19	79.95
标准差	5.46	10.28	12.66	8.73	3.20
最优值	87.20	91.00	100.00	98.00	84.21
最劣值	63.46	51.00	55.00	66.45	74.22

表4-9　16个乡镇(街道)社会信用治理成效得分情况(2020年)　　(单位:分)

乡镇(街道)序号	村社诚信建设	村社诚信评价	村社失信治理	村社诚信襃扬	社会信用治理成效
1	76.0	86.7	71.7	89.5	80.95
2	77.3	81.0	80.8	88.5	81.91
3	76.7	76.7	93.2	87.1	83.41
4	92.9	73.3	77.3	88.3	82.94
5	95.0	67.5	82.5	85.3	82.57
6	77.3	83.5	92.9	86.8	85.11

乡镇(街道)序号	村社诚信建设	村社诚信评价	村社失信治理	村社诚信褒扬	社会信用治理成效
7	81.0	85.7	66.8	86.4	80.00
8	75.0	61.2	65.8	88.6	72.65
9	76.0	81.8	60.0	84.4	75.56
10	75.0	68.5	91.6	85.7	80.22
11	75.8	84.7	81.7	90.0	83.03
12	76.0	79.4	89.8	86.4	82.89
13	80.0	80.0	100.0	90.0	87.51
14	76.5	84.0	72.6	90.0	80.80
15	76.4	56.0	84.4	85.0	75.46
16	76.1	77.6	83.9	90.0	81.90
平均值	78.94	76.73	80.94	87.63	81.06
标准差	5.90	8.80	10.92	1.91	3.64
最优值	95.00	86.65	100.00	90.00	87.51
最劣值	75.00	56.01	60.00	84.40	72.65

表 4-10　16 个乡镇(街道)信用保障能力得分情况(2020 年)　　　(单位:分)

乡镇(街道)序号	组织实施保障	信用设施保障	信用环境保障	诚信文化保障	镇街信用保障能力
1	76.8	89.6	98.6	81.8	86.70
2	72.5	66.0	63.5	72.1	68.53
3	73.1	91.6	83.8	67.0	78.88
4	77.5	99.1	60.0	100.0	85.90
5	74.5	67.4	77.8	77.8	74.36
6	74.2	73.1	86.2	73.8	76.81
7	77.2	100.0	71.6	95.2	85.99
8	74.4	66.8	80.3	89.9	77.86
9	75.4	67.7	91.7	91.6	81.60

乡镇(街道)序号	组织实施保障	信用设施保障	信用环境保障	诚信文化保障	镇街信用保障能力
10	74.6	78.2	92.7	70.7	79.04
11	75.6	70.8	88.5	76.3	77.80
12	71.7	64.7	100.0	72.9	77.33
13	73.6	64.2	92.8	73.0	75.90
14	74.4	79.8	89.7	75.0	79.74
15	70.5	60.0	85.5	87.7	75.92
16	69.1	66.4	91.8	85.6	78.24
平均值	74.07	75.33	84.66	81.09	78.79
标准差	2.23	12.57	11.18	10.51	4.50
最优值	77.54	100.00	100.00	100.00	86.70
最劣值	69.12	60.00	60.00	67.00	68.53

表 4-11　16 个乡镇(街道)信用服务能力得分情况(2020 年)　　(单位:分)

乡镇(街道)序号	信用服务行政管理	信用服务社会治理	信用服务商业活动	信用服务金融交易	镇街信用服务能力
1	74.1	70.6	77.3	81.5	75.86
2	75.1	64.4	68.8	82.1	72.61
3	74.2	71.7	81.6	81.9	77.33
4	71.5	83.4	91.9	40.0	71.69
5	72.6	73.7	90.6	91.0	81.97
6	64.7	66.0	92.0	82.1	76.19
7	68.9	77.5	80.3	84.0	77.67
8	73.1	69.0	77.3	81.0	75.11
9	69.2	74.4	83.7	81.5	77.20
10	76.5	64.9	60.6	81.0	70.73
11	75.4	71.4	78.7	81.4	76.73
12	60.7	63.0	85.3	81.5	72.65

续表

乡镇(街道)序号	信用服务行政管理	信用服务社会治理	信用服务商业活动	信用服务金融交易	镇街信用服务能力
13	68.4	52.8	55.1	83.5	64.94
14	72.7	64.2	77.3	81.8	73.99
15	69.3	64.1	52.0	81.7	66.78
16	61.8	76.2	81.7	81.5	75.33
平均值	70.51	69.21	77.13	79.84	74.17
标准差	4.60	7.04	11.85	10.56	4.11
最优值	76.48	83.45	92.00	91.00	81.97
最劣值	60.74	52.81	52.00	39.96	64.94

五、基于 TOPSIS 的灰色关联评价结果

2020 年,该辖区 16 个乡镇(街道)基于 TOPSIS 的灰色关联综合评价最终结果如表 4-12 所示。从实证结果来看,16 个乡镇(街道)的整体信用建设水平并不高,乡镇(街道)之间的差距也不明显。

表 4-12　2020 年 16 个乡镇(街道)的灰色关联贴近度及排名结果

乡镇(街道)序号	最优灰色关联度 R_i^+	最劣灰色关联度 R_i^-	灰色关联贴近度 C_i	排名
1	0.8375	0.7247	0.5361	7
2	0.7861	0.7731	0.5042	15
3	0.8490	0.7162	0.5424	2
4	0.8394	0.7427	0.5306	9
5	0.8463	0.7124	0.5430	1
6	0.8295	0.7244	0.5338	8
7	0.8376	0.7241	0.5363	6
8	0.8169	0.7408	0.5244	10
9	0.8133	0.7460	0.5216	12
10	0.8129	0.7468	0.5212	13

乡镇(街道)序号	最优灰色关联度 R_i^+	最劣灰色关联度 R_i^-	灰色关联贴近度 C_i	排名
11	0.8334	0.7149	0.5383	3
12	0.8191	0.7485	0.5225	11
13	0.8040	0.7665	0.5119	14
14	0.8341	0.7183	0.5373	5
15	0.7873	0.7800	0.5023	16
16	0.7314	0.6283	0.5379	4

第八节　结论与展望

一、研究结论

镇街信用监测是国家城市信用监测方案在基层的一次探索与验证。随着社会信用体系建设工作重心的逐步下沉,开展镇街信用监测将可以起到"试金石""指挥棒""风向标"的作用,从而有力推动基层信用建设。本章围绕当前镇街信用建设"三聚焦一强化一推动"五个方面工作重点,提出了包含面向基层政府的政务诚信建设成效监测、面向市场主体的信用监管成效监测、面向社会公众的信用治理成效监测、强化支撑镇街信用的保障能力监测、推动镇街信用应用的服务能力监测的理论框架和监测评价指标体系,构建了基于 TOPSIS 的镇街信用灰色关联评价模型,并结合笔者团队在某地实施的镇街信用监测进行了实证研究。这一开创性探索,为镇街信用监测的可行性进一步提供了有力的证据。

二、研究展望

基层信用监测目前在各地仍处于探索阶段,由于各地信用建设进程存在较大差距,支撑基层信用监测的软硬件环境还不成熟,尤其是公共信用信息平台目前还难以形成对镇街信用监测的有力支撑,数据协同难度较大。建议在全国信用建设基础条件较好的城市,如全国信用示范城市、全国城市信用监测排名前50强城市,率先启动第一轮镇街信用监测工作,并将监测结果纳入全国城市信用监测体系范畴,逐步形成示范效应,从而实质性推动基层信用体系建设进入高质量发展新阶段。

第五章　面向高质量发展的基层社会信用体系建设

乡镇和街道,是中国行政体系的"最末梢",也是社会治理的基石。随着《纲要》建设任务的完美收官,我国的社会信用体系建设即将迎来高质量发展新阶段。在新一轮社会信用体系建设即将启动之际,如何夯实基层社会信用体系建设基础,打通直达村社和广大民众的"最后一公里",提高社会信用体系建设整体的法治化、规范化水平,显得尤为关键。

2020年,笔者受杭州当地发改部门的委托,带领团队对余杭、临平、建德、富阳、西湖、临安六个区(县、市)合计近90个乡镇(街道)基层政府的社会信用体系建设情况逐一进行调研和座谈,依托公共信用信息平台和大数据实验室,辅以镇街报送、部门协调、专项民意测验、大数据抓取等多种手段获取信息,对乡镇(街道)的信用体系建设进程实施了动态监测与跟踪评价。本章结合此次调研的经历,就当前基层社会信用体系建设的现状、存在的问题进行了探讨,并提出了相应的政策建议。

第一节　基层社会信用体系建设的现状

总体来看,当前基层信用体系建设的制度体系、保障机制、支撑设施、工作重心、思想条件、社会基础已基本具备。

一、基层信用体系建设的制度体系日臻完善

总体来说,基层信用体系建设赖以依存的制度体系日臻完善。自2014年《纲要》对社会信用体系建设进行顶层设计以来,国家层面陆续出台了多项持续深入推进社会信用体系建设的政策文件(见表5-1),推动社会信用体系迈入高

质量发展的新阶段。

表 5-1 2014 年以来国家层面出台的与社会信用体系建设直接相关的重大政策文件

序号	文件名称	年份
1	《国务院关于印发社会信用体系建设规划纲要(2014—2020 年)的通知》(国发〔2014〕21 号)	2014
2	《国务院关于批转发展改革委等部门法人和其他组织统一社会信用代码制度建设总体方案的通知》(国发〔2015〕33 号)	2015
3	《国务院关于建立完善守信联合激励和失信联合惩戒制度 加快推进社会诚信建设的指导意见》(国发〔2016〕33 号)	2016
4	《国务院办公厅关于加强个人诚信体系建设的指导意见》(国办发〔2016〕98 号)	2016
5	《中共中央办公厅 国务院办公厅印发关于加快推进失信被执行人信用监督、警示和惩戒机制建设的意见》(中办发〔2016〕64 号文)	2016
6	《国务院关于加强政务诚信建设的指导意见》(国发〔2016〕76 号)	2016
7	《中共中央办公厅 国务院办公厅印发关于进一步加强科研诚信建设的若干意见》	2018
8	《国务院办公厅关于加快推进社会信用体系建设 构建以信用为基础的新型监管机制的指导意见》(国办发〔2019〕35 号)	2019
9	《国务院办公厅关于进一步完善失信约束制度 构建诚信建设长效机制的指导意见》(国办发〔2020〕49 号)	2020

尽管当前社会信用上位法缺失,但立法进程正在提速。国务院办公厅《关于进一步完善失信约束制度 构建诚信建设长效机制的指导意见》中明确提出要"加快推动信用法律法规建设"。目前,《中华人民共和国社会信用法》(草案)正在各地征求意见,国家层面的社会信用立法已进入实质性阶段。在地方立法层面,据统计,截至 2021 年 7 月,已有 15 个省(区、市)正式出台地方信用条例或办法,有 12 个省(区、市)已对外发布征求意见(见表5-2)。

表 5-2 地方信用立法情况汇总(截至 2021 年 7 月)

序号	省(区、市)	条例名称	立法进程	发布日期
1	陕西	《陕西省公共信用信息条例》	正式施行	2012 年 1 月 1 日
		《陕西省社会信用条例》	草案	2021 年 3 月

序号	省（区、市）	条例名称	立法进程	发布日期
2	吉林	《吉林省公共信用信息管理暂行办法》	正式施行	2015 年 11 月 1 日
3	上海	《上海市社会信用条例	正式施行》	2017 年 10 月 1 日
4	湖北	《湖北省社会信用信息管理条例》	正式施行	2017 年 7 月 1 日
5	浙江	《浙江省公共信用信息管理条例》	正式施行	2018 年 1 月 1 日
6	河北	《河北省社会信用信息条例》	正式施行	2018 年 1 月 1 日
7	辽宁	《辽宁省公共信用信息管理条例》	正式施行	2020 年 2 月 1 日
8	山东	《山东省社会信用条例》	正式施行	2020 年 10 月 1 日
9	天津	《天津市社会信用条例》	正式施行	2021 年 1 月 1 日
10	四川	《四川省社会信用管理暂行办法》	正式施行	2021 年 1 月 1 日
11	河南	《河南省社会信用条例》	正式施行	2021 年 5 月 1 日
12	青海	《青海省公共信用信息条例》	正式施行	2021 年 5 月 1 日
13	内蒙古	《内蒙古自治区公共信用信息管理条例》	正式施行	2021 年 6 月 1 日
14	广东	《广东省社会信用条例》	正式发布	2021 年 6 月 1 日
15	重庆	《重庆市社会信用条例》	正式施行	2021 年 7 月 1 日
16	甘肃	《甘肃省公共信用信息条例》	送审稿	2018 年 5 月
17	贵州	《贵州省社会信用条例》	草案	2019 年 5 月
18	湖南	《湖南省社会信用条例》	草案送审稿	2021 年 7 月
19	江苏	《江苏省社会信用条例》	草案	2020 年 8 月
20	海南	《海南省社会信用条例》	草案	2020 年 12 月
21	黑龙江	《黑龙江省社会信用条例》	征求意见稿	2020 年 12 月
22	江西	《江西省社会信用条例》	征求意见稿	2021 年 2 月
23	北京	《北京市社会信用条例》	草案	2021 年 2 月
24	云南	《云南省社会信用条例》	草案	2021 年 3 月
25	广西	《广西壮族自治区社会信用条例》	草案征求意见稿	2021 年 6 月
26	山西	《山西省社会信用条例》	草案	2021 年 7 月
27	安徽	尚未对外发布		

续表

序号	省（区、市）	条例名称	立法进程	发布日期
28	福建	尚未对外发布		
29	宁夏	尚未对外发布		
30	西藏	尚未对外发布		
31	新疆	尚未对外发布		

另外,据不完全统计,南京、厦门、宿迁、泰州、无锡、大连、哈尔滨等城市已完成地方信用立法并正式施行,杭州、深圳已进入对外征求意见阶段。除此之外,2014 年以来,各部门已陆续出台了上百个信用相关的部门规章和规范性文件,同时,《中华人民共和国外商投资法》《中华人民共和国证券法》《中华人民共和国民法典》《优化营商环境条例》多项法律法规在制定或修订过程中,明确写入了信用相关条款。信用法律法规、政策制度的日趋完善,为基层信用体系建设奠定了坚实的制度保障。

二、基层信用体系建设的保障机制更加健全

总的来说,失信认定机制、信用奖惩机制、信用修复机制、信用监管机制、信用信息安全和隐私保护机制等诚信建设长效机制更健全,管理更规范,运行更顺畅,为基层信用体系建设提供了有力的机制保障。

据国家信息中心的相关资料,截至 2018 年 12 月底,国家发展改革委、中国人民银行会同有关部门已签署 51 个联合奖惩备忘录;出台的有关"红黑名单"认定的规范性文件共 40 个。据国家发展改革委的统计数据,自 2013 年 10 月实施失信被执行人名单信息公布制度起,截至 2019 年 6 月底,全国法院累计发布失信被执行人名单 1443 万人次,累计限制购买飞机票 2682 万人次,限制购买动车高铁票 596 万人次,慑于信用惩戒主动履行法律义务的失信被执行人 437 万人。据中国国家税务总局提供的数据,2014 年 10 月至 2020 年 8 月底,税务部门累计公布 3.6 万件"黑名单"案件。2020 年全国纳税信用评价结果显示,纳税信用等级最高的 A 级企业数量大幅上升到 172 万户,较上年增加了 46 万户,增长 37%。

2018 年和 2020 年,中央精神文明建设指导委员会先后印发《关于集中治理诚信缺失突出问题 提升全社会诚信水平的工作方案》(文明委〔2018〕4 号)和《关于开展诚信缺失突出问题专项治理行动的工作方案》(文明委〔2020〕6 号),针对当前经济社会中的诚信热点问题和群众反映强烈的失信突出问题,组织中央文明委有关成员单位,集中开展经济社会领域失信重点问题专项治理(见表 5 - 3)。据中央网信办(国家互联网信息办公室)违法和不良信息举报中心公布的统计数据,2020 年,全国各级网络举报部门受理举报 1.63 亿件,同比增长 17.4%。其中,中央网信办(国家互联网信息办公室)违法和不良信息举报中心受理举报228.8万件,同比下降 5.2%;各地网信办举报部门受理举报 1596.2 万件,同比下降 27.1%;全国主要网站受理举报 1.45 亿件,同比增长 26.1%。

表 5 - 3　2018 年、2020 年经济社会领域失信重点问题专项治理

年份	专项治理范围
2018	电信网络诈骗专项治理;互联网虚假信息、造谣传谣专项治理;涉金融领域失信问题专项治理和互联网金融风险专项整治;生态环境保护失信行为专项治理;扶贫脱贫失信问题专项治理;无证行医、非法医疗问题专项治理;假药问题专项治理;拖欠工资问题专项治理;不合理"低价游"专项治理;逃税骗税"假发票"问题专项治理;法院判决不执行问题专项治理;交通运输失信问题专项治理;论文造假、考试作弊专项治理;骗取保险问题专项治理;非法社会组织专项治理;慈善捐助失信问题专项治理;营业性演出市场虚假宣传及炒票问题专项治理;"假彩票"问题专项治理;开展假球黑哨、使用兴奋剂问题专项治理等 19 项专项治理
2020	电信网络诈骗专项治理行动,互联网信息服务领域失信问题专项治理行动,全国防疫物资产品质量和市场秩序专项治理行动,扶贫脱贫失信问题专项治理行动,国家考试作弊专项治理行动,交通运输领域失信问题专项治理行动,骗取社会保险专项治理行动,法院判决不执行问题专项治理行动,金融领域失信问题专项治理行动,生态环境保护失信问题专项治理行动等 10 项专项治理

2020 年,国务院办公厅印发《关于进一步完善失信约束制度 构建诚信建设长效机制的指导意见》(国办发〔2020〕49 号)。该文件明确要求:按照依法依规、保护权益、审慎适度、清单管理的总体思路,进一步规范和健全失信行为认定、记录、归集、共享、公开、惩戒和信用修复等机制,推动社会信用体系建设迈入高质量发展的新阶段。在社会信用体系建设工作推进和实践探索中,一要严格依法依规,二要准确界定范围,三要确保过惩相当,四要借鉴国际经验。按照

这一文件精神,2021年7月,国家发展改革委、中国人民银行会同社会信用体系建设部际联席会议成员单位和其他有关部门(单位)编制了《全国公共信用信息基础目录(2021年版)(征求意见稿)》和《全国失信惩戒措施基础清单(2021年版)(征求意见稿)》。这些都标志着我国社会信用体系建设的法治化、规范化进程大大加快。

三、基层信用体系建设的信息化水平大幅提升

总的来说,支撑基层信用体系建设的基础设施广泛建立,公共信用信息的互联互通基本实现,信用信息化水平大幅提升。

在全国层面,全国性信用信息公共服务平台正式建立,主要承担信用信息归集共享的枢纽功能。截至2021年,已经接入信用电子政务系统36个,接入省(区、市)信用系统32个,接入试点城市信用系统33个。作为政府褒扬诚信、惩戒失信窗口的"信用中国"网站和各地信用网站,发挥了越来越大的诚信宣传和信息发布作用。截至2021年5月末,全国性信用信息公共服务平台累计归集共享各类信息约647.22亿条,归集双公示信息3.73亿条。其中,行政许可信息2.99亿条,行政处罚信息0.74亿条。同时,由中国人民银行牵头推动建设的全国集中统一的金融信用信息基础数据库已经成为全球覆盖人口最多、收集信贷信息量最全的企业和个人征信系统,截至2020年11月,已累计收录近11亿名自然人、6000万家企业及其他组织的信用信息。此外,国家企业信用信息公示系统、中国执行信息公开网等全国性行业监管服务平台也为各地开展信用监管和地方治理提供了完备的系统支撑和坚实的数据支持。

在地方层面,地方公共信用信息平台广泛建立,区域内公共信用信息的互联互通基本实现。以浙江省为例,除省、市级的公共信用信息平台之外,部分地级市下设的区(县、市),如杭州市富阳区、余杭区、临安区、建德市、淳安县等,也各自建有独立的公共信用信息平台。目前,区(县、市)一级的信用平台与市级平台的信用信息已基本实现互联互通,但与省级平台,以及省际平台之间尚未实现互联互通。除地方公共信用信息平台之外,在一些乡镇(街道)搭建的市场监管、综合执法、便民服务等服务于基层综合治理的功能性平台,也为基层信用信息采集与监测评价提供了支撑。

四、社会信用体系建设的工作重心正逐步下沉

在国家层面,早在 2007 年就正式建立了国务院社会信用体系建设部际联席会议制度,由国家发展改革委、中国人民银行牵头,统筹推进社会信用体系建设各项工作。2012 年,社会信用体系建设部际联席会议职责和成员单位进行了调整,联席会议共由 35 个部门和单位组成(2021 年成员单位数进一步增加至 46 个)。2014 年,作为社会信用体系建设的顶层规划方案《纲要》正式发布,社会信用体系建设工作全面启动。2015 年,"信用中国"网站上线运行。

在地方层面,2016 年,各主要省(区、市)陆续出台"社会信用体系建设'十三五'规划",从省级到地市级再到区县级的多层级社会信用体系建设领导小组纷纷组建,组织体系日渐完备。部分城市的信用工作更是走在了全国的前列。以全国首批入选社会信用体系建设示范城市的杭州为例,早在 2002 年,就成立了"信用杭州"建设领导小组。2006 年,在国内率先出台了《杭州市社会信用体系建设"十一五"专项规划》并陆续制定了"十二五"及"十三五"专项规划。当前,全国主要中心城市的区(县、市)一级已基本完成了社会信用体系建设领导小组的组建,由区(县、市)主要领导担任组长,各部门作为成员单位,领导小组负责统一推进区(县、市)信用体系建设,建设结果纳入年度工作考核。

而到了最基层的乡镇(街道)这级,各地的建设进程却存在较大差异。笔者根据网络公开信息进行梳理,据不完全统计,截至 2021 年 7 月,全国已经有 11 省(区、市)的 58 个乡镇(街道)陆续组建乡镇(街道)一级社会信用组织体系[包括社会信用体系建设工作领导小组、联席会议、示范街道(乡镇)创建活动领导小组、农村信用工程建设工作领导小组等]。其中,在信用组织体系建构方面表现较优秀的当属山东荣成,其构建了由市委书记、市长"双挂帅",横向覆盖各部门,纵向覆盖全部乡镇(街道)的完整的信用组织体系。不过就整体而言,除"荣成模式"之外,目前全国大部分乡镇(街道)的社会信用体系建设组织体系并不健全,基层信用工作组织能力薄弱,统筹推进信用体系建设工作存在较大困难(见表 5-4)。

表 5-4　全国部分省(区、市)乡镇(街道)基层社会信用组织体系建设情况

序号	省(区、市)	乡镇(街道)及组建时间	数量/个
1	山东	荣成市 10 个街道、12 个镇(2013 年) 翠屏街道(2019 年),珲头镇(2019 年),大汶口镇 (2020 年),云山镇(2021 年),松山街道(2019 年)	27
2	广东	黄礁镇(2015 年),三乡镇(2015 年)	2
3	江苏	小纪镇(2016 年),江心洲街道(2017 年),古邳镇 (2020 年)	3
4	福建	禾山街道(2017 年),甘蔗街道(2017 年),江口镇 (2019 年),松山街道(2019 年),凤城镇(2020 年)	5
5	四川	东升街道(2017 年)	1
6	上海	新成路街道(2019 年),莘庄镇(2020 年),徐行镇 (2020 年),虹桥镇(2020 年),华漕镇(2020 年)	5
8	安徽	白地镇(2018 年),撮镇镇(2021 年)	2
9	甘肃	板桥镇(2020 年),华龙街道(2020 年)	2
10	浙江	虹桥镇(2020 年)	1
11	贵州	新民镇(2020 年),青场镇(2021 年)	2
12	内蒙古	林荫街道(2020 年)	1
13	吉林	民康街道(2021 年)	1
14	陕西	迎宾路街道(2021 年)	1
合计			58

五、"信用有价,守信受益"的价值理念渐入人心

总的来说,全社会的诚信理念、规则意识、契约精神、法治观念正不断提升,"信用有价,守信受益"的价值观在基层渐入人心。

在政府层面,各地政府逐渐认识到信用作为一种生产要素,是优化配置社会资源的有效手段,是社会治理的重要工具。它在规范市场经济秩序、改善市场信用环境、降低交易成本、防范经济风险等方面具有重要意义,在提高政府监管能力和水平,改善政府自身形象,塑造政府公信力,提升政府治理效能等方面也发挥着基础性的作用。

在社会层面,各类市场主体和社会公众逐渐认识到信用的价值。随着《关于加快推进失信被执行人信用监督、警示和惩戒机制建设的意见》《国务院关于建立完善守信联合激励和失信联合惩戒制度 加快推进社会诚信建设的指导意见》《国务院办公厅关于进一步完善失信约束制度 构建诚信建设长效机制的指导意见》等一批信用奖惩制度的陆续出台,"守信联合激励,失信联合惩戒"机制逐步完善,作用全面显现。一方面,失信的成本越来越高,尤其对失信被执行人的曝光和惩戒力度持续加大,极大地震慑了一批"老赖","一处失信处处受限",使人不敢失信、不能失信、不愿失信;另一方面,守信给人带来了实实在在的便利和实惠,"守信者畅通无阻,信用就是财富"正在全社会形成共识。"要我讲信用"正逐渐转变为"我要讲信用""我愿讲信用"。

六、以信用为基础的基层治理创新不断涌现

在乡镇(街道),广大基层群众通过不断的自我创新,将信用元素全方位融入村社治理、商户治理、重点人群治理等方方面面。通过完善信用激励机制,创新信用应用场景,充分发挥信用在社会治理中的基础作用,助力自治、法治、德治相融合的基层治理。

在"信用+村社"治理创新方面,通过将村规民约、社会公序良俗和公民个人品德、职业道德、家庭美德、社会公德相结合,融合基层综合治理和公共信用信息,建立村(居)民个人或家庭诚信档案,实施个人家庭诚信积分管理。探索诚信积分在村社自治、乡镇(街道)行政管理、行业监管、市场交易等多个场景中的信用激励机制,助推基层治理能力提升。例如,建德市三都镇的"美好账本"、富阳区东洲街道的"家庭公望诚信指数"、余姚市临山镇的"道德银行"等诚信积分管理体系,都源于当地村社治理中的自我创新。

在"信用+商户"治理创新方面,依托产业园区、综合市场、特色商业街或商圈等重要载体,融合日常管理信息、行政监管执法信息、公共信用信息及客户体验等信息,通过为商户建立信用档案,开展商户信用评价,从而为信用的分级分类监管、行业信用风险的预警和防范提供支撑,为行政审批、资格(质)审核认定、资金补助、项目申报等公共事务开展提供依据。既提升了园区或市场的综合管理能力和管理效率,也降低了诚信商户的融资信贷成本,优化了基层的营

商环境,提升了消费体验和公众满意度。例如,当前浙江省正在试点的杭州市萧山区信息港小镇的"信用＋园区治理"、湖州市吴兴区爱山街道下辖商圈的"信用＋商圈治理"、金华市义乌小商品城的"信用＋市场治理",试点单位在前期都已经积累了较好的信用管理经验和基础。

在"信用＋重点人群"治理创新方面,围绕基层公务人员、基层党员干部、青年群体、志愿者、农村富余劳动力、外来务工人员等重点人群,记录各类诚信或失信信息,建立个人诚信档案或职业信用档案,作为今后考核晋升、评优评先、积分落户、子女入学等的重要参考依据,同时在求职、创业、婚恋、融资、租赁、消费、旅游、出行等诸多应用场景中享有信用带来的便利和经济价值。以志愿者诚信体系建设为例,通过依托"志愿中国""志愿汇"等平台载体,记录志愿者公益行为,并将志愿服务活动频次、时长、单次服务时长等公益信息量化成个人诚信积分(如"益币")或者信用评价分(如"信用玫瑰分"),并为志愿者提供信用激励场景,营造信用有价的氛围。如杭州市西湖区灵隐街道青芝坞街区试点"志·汇"益商联盟,吸引杭州银行以及民宿餐饮共 420 余家爱心商家入驻,建立志愿者正向激励机制。西湖区 2021 年 3 月全区注册志愿者达 18.7 万人,占常住人口比例的 21.7％,累计开展志愿服务时长 350 万余小时。全国类似的案例还有很多。据"志愿中国"官网提供的信息,截至 2021 年 7 月 22 日,全国累计注册志愿者人数 8480 多万,累计志愿服务信用时数 3.76 亿小时。

在"信用＋新型农业经营主体振兴"方面,以农民专业合作社、家庭农场、休闲农业、专业大户、农业龙头企业等新型农业经营主体为载体,在农户与农户之间、农户与金融机构之间、农户与上游农业产业链核心企业之间,建立广泛的信用合作关系,通过纵向贯通、横向联动,融通农户家庭诚信信息、产供销经营信息、融资信贷担保信息、涉农政府部门管理信息,建立农户征信体系和信用评价体系,为解决新型农业经营主体的融资问题,信用户、信用村、信用乡(镇)创评,以及农民示范合作社评定等提供依据。以丽水为例,2009 年初,便在全市 176个乡镇建立起了市、县、乡、村"四级联动"的农户信用等级评价工作机制,由各乡镇主要负责人任组长,农信社主任任副组长,乡镇、农信社、村"两委"干部及农户代表为小组成员,负责辖区农户信用等级评价的组织指导。到 2011 年 9月底,全市 3453 个行政村开展了农户信用评价工作,行政村评定面达 100％;采集农户信用信息 37.83 万户,占应建档农户数的 89.16%;评出信用户 31.94 万户、信用村 697 各、信用乡(镇)28 各,成为全国第一个所有行政村完成农村信用等级评价的地级市(孔祖根,2011)。2019 年,丽水市发布全国首个农村信用体系建设的地方标准——《农村信用体系建设规范》。与自上而下进行顶层设计和整体推动的"丽水模式"不同,温州瑞安的"三位一体"模式则更多地依靠当地农户良好的合作基础,通过农户到合作社,到基层合作社联合社,再到县、市直至省级合作社联合社,自下而上开展生产、供销、信用"三位一体"合作,地方金融机构围绕"三位一体"合作进行整村授信、整社授信,推动当地农村信用体系建设。

第二节 基层社会信用体系建设中存在的问题

当前,各地基层信用体系建设进程参差不齐,但整体水平不高,离高质量建设目标还存在较大差距。

一、缺乏整体规划布局,组织保障能力弱

第一,地方政府对基层信用体系建设的顶层设计不到位。不少地区对基层信用体系建设不重视,既没有将乡镇(街道)纳入当地的信用建设规划中,也没有对乡镇(街道)提出明确的工作目标和考核要求,对基层信用工作的业务指导也远远不够。

第二,乡镇(街道)缺乏对信用体系建设的规划布局能力。基层政府既没有能力制订完整的信用工作实施计划,也没有能力建立符合当地实际的信用工作机制。这既造成了基层信用工作的随意性和盲目性,也造成了信用工作的短视行为和急功近利倾向。从目前各地实践情况看,凡是已取得较好信用工作成效的乡镇(街道),其基层信用组织保障体系都较为完备,整体规划布局能力较强。

第三,基层信用工作的组织保障能力普遍较弱。从目前各地实践情况看,凡是已取得较好信用工作成效的乡镇(街道),其基层信用组织保障体系都较为完备。但全国现有 38755 个乡镇级区划中,仅有极少一部分乡镇(街道)完成了乡镇级社会信用组织体系的组建。绝大多数乡镇(街道)不仅没有完整的信用

组织体系,甚至连负责具体信用工作的部门或人员都没有,基层信用专业人才严重匮乏。基层信用工作涉及多面多线,如果缺乏统一的组织协调,不能对各条线上的力量进行有效整合,有流于"面子工程"的潜在不确定性。

二、基层政府对信用工作的内容认识不到位,理解有偏差

第一,仅认识到信用的经济管理职能,却忽视了信用在精神层面重塑人们道德观念和法治规则意识方面的作用。不少基层干部已经认识到了信用作为一种经济管理工具和社会管理手段,在优化资源配置、提高政府监管能力、加强社会治理中的基础性作用。但在强调信用经济价值的同时,忽视了信用在践行社会主义核心价值观,弘扬社会诚信价值理念、诚信文化、契约精神等方面的重要教化功能。这也是不少基层政府片面认为信用工作是具体部门的工作范畴与职责,而与镇街关系不大的一个原因。而事实是,基层政府的大量工作都属于信用工作,只有发挥好基层政府的宣传阵地作用,才能真正意义上将诚信价值理念植入人心。

第二,仅强调市场主体和社会公众的诚信建设,却忽视了基层政府自身的诚信建设。基层政府普遍存在对自身诚信体系建设不重视的现象,未将政务诚信建设摆在基层社会信用体系建设的首要位置。从实际情况看,一方面,依法行政不够规范,政务信息公开不全面、不及时、不规范现象较为普遍;自身的守信践诺机制不完善,政务诚信约束和问责机制,群众监督和舆论监督机制有待加强。另一方面,基层政府失信和不讲诚信的问题依然存在,基层公职人员违反中央"八项规定"精神,侵害群众利益的现象仍时有发生,甚至有基层政府被最高法院列入失信被执行人名单,而且越往基层,这种情况越突出,极大地损害了政府的公信力。此外,村级基层群众性自治组织也是失信的重灾区。这与党和政府文件中要求的政府须在诚信建设中率先垂范,发挥领头羊作用的精神是相悖的,必须引起重视。

三、基层信用监管力量碎片化,没有形成有效的监管合力

镇街政府和职能部门之间、职能部门和职能部门之间监管执法相互割据,没有形成有效的监管合力。由于我国独特的行政管理体制,镇街政府和职能部

门的分工职责存在很大不同：乡镇和街道，前者属于国家最基层的一级行政机关，后者属于政府的派出机关，都行使（或代表派出政府行使）本行政区的行政职能，是独立的行政主体；而各职能部门在地方上依靠的监管执法力量主要是受其委派设置的派出机构，派出机构直接向委派机关负责，其管辖事务及职权由委派机构决定。这一特点决定了乡镇（街道）统筹协调与部门派驻机构"两张皮"的问题普遍存在，难以形成工作合力。

从镇街政府角度看，镇街政府可以较好地协调其内部部门之间的信用工作，具有较好的综合管理能力，但其在开展信用工作时往往缺乏抓手和着力点，也没有行使信用监管的权力，且乡镇（街道）"单薄"的管理职权与繁重的工作任务严重不匹配。从各职能部门角度看，其对基层的派出机构实行垂直管理，派出机构只对委派的职能部门负责，尽管在职能管辖范围内具有行政监管的权力，但由于其在基层的监管力量也十分有限，外加业务上的条块分割，造成各职能部门有限的力量局限于各自管辖的领域。例如，基层的税务所和工商所，分别作为税务局和市场监管局的委派机构，其主要对区（县、市）税务局和市场监管局负责，而各自开展信用工作也往往仅关注税务或市场监管领域的信用建设。这种类似"铁路警察，各管一段"的做法，致使基层本就十分薄弱的监管执法力量更加捉襟见肘。

四、信用监管信息碎片化，不愿不敢不能共享的老问题尚未根治

目前，各地公共信用信息平台设施已广泛建立，区域内公共信用信息的互联互通已基本实现，但"出于部门本位主义，不愿共享；出于数据安全考虑，不敢共享；出于数据标准的不统一，不能共享"这三个老大难问题并没有从根本上得到解决。到了乡镇（街道）这一层级，这一问题变得尤为突出。

第一，信用监管信息碎片化，"数据孤岛"现象仍然较大范围存在。为避免重复建设，镇街一般不单独建设公共信用信息平台，镇街公共信用信息主要由各部门按照地方公共信用信息分类等级管理目录采集标准汇总至区（县、市）一级或市一级平台。这种按照部门条块分工采集的做法，一定程度上造成地方公共信用信息平台与服务于镇街基层综合治理的功能性平台，包括一些政务服务平台之间的数据互联互通存在很大障碍。例如，浙江省正在大力推进建设的基

层治理"四个平台"(综治工作平台、市场监管平台、综合执法平台、便民服务平台),它的核心就是运用矩阵化管理理念,把乡镇(街道)和部门派驻机构承担的职能相近、职责交叉和协作密切的日常管理服务事务进行归类,最终形成一张网。理论上,依托公共信用信息平台的信息已经形成一张网,但这张网和依托基层治理平台的信息网又是两张独立的网,网和网之间的数据融通问题仍然没有解决。在全国各地,这样的网还有很多。

第二,信用数据标准体系的建立缺乏前瞻性和超前意识,数据标准不规范、不统一,既在技术层面上制造了障碍,也在应用层面造成数据应用的困难。以国家的城市信用监测为例,尽管各地的公共信用信息已经归集,但由于数据的颗粒度过大,无法按照镇街口径分类统计,造成这一监测难以进一步延伸至乡镇(街道)。采集不规范、数据不精准、标准不统一、报送不及时、多头要报表的问题亟须解决。

五、基层信用误用滥用,失信惩戒泛化,信用隐私保护不到位

《国务院办公厅关于进一步完善失信约束制度 构建诚信建设长效机制的指导意见》(国办发〔2020〕49号)再次强调信用体系建设必须依法依规运行在规范化、法治化轨道上。在此之前,各地已不同程度地出现失信行为"箩筐化"、信用惩戒泛化等问题,引发社会广泛关注并招致公众对信用误用和滥用的不小争议。这其中既有部分客观事实,也有一些误解和曲解。

第一,公共信用信息采集和公开边界不清晰,具有较强的随意性和不科学性。国务院明确公共信用信息纳入实行目录制管理这一要求之前,各地关于什么是公共信用,应该采集哪些公共信用信息,要公开哪些信息,在理解和做法上均存在较大差异。由于信用上位法缺失,各地在制定公共信用信息采集目录时的主要依据是地方性法规,即地方公共信用管理条例。但由于各地信用立法进程存在很大差异,部分尚未完成立法的地方政府就简单地以地方规范性文件为依据,这就在很大程度上造成了信息采集和公开的随意性,既不科学也不规范。

第二,误用滥用守信激励和失信惩戒手段。守信激励和失信惩戒机制是社会信用体系建设的核心机制,关乎主体的切身利益。但在一些地方出现了误用和滥用的现象,到了基层,这种情况更为突出。

　　一方面,存在随意扩大信用奖惩范围和程度的误用现象。例如,针对闯红灯、公共场所吸烟、欠缴物业服务费、公共场所不戴口罩、违章建筑、公共交通逃票等行为,在没有经有关部门依法依规认定的情形下,就直接列为公共信用不良甚至判定为失信并纳入征信,这就属于典型的小过重惩,误用了奖惩手段。按照《国务院关于建立完善守信联合激励和失信联合惩戒制度加快推进社会诚信建设的指导意见》(国发〔2016〕33号)规定,只有严重危害人民群众身体健康和生命安全、严重破坏市场公平竞争秩序和社会正常秩序、拒不履行法定义务严重影响司法机关和行政机关公信力、拒不履行国防义务等严重违法失信行为,才构成失信。

　　另一方面,存在违法违规使用信用奖惩手段的滥用现象。例如,将不履行垃圾分类义务、不文明养犬、广场舞扰民、地铁进食、随地吐痰等不文明行为列为公共信用不良,这就属于滥用奖惩手段。另外,全国不少地方推出了地方特色的个人信用分,这样的信用创新本无可厚非,但这些信用分的构成中往往包含了大量个人非公共信用信息。例如,某地的"信用分",其评分模型包括基础信息、稳定信息、品德信息、资产信息、其他信息五大维度,囊括户籍、年龄、婚姻状况、文化程度、社保缴纳情况等20多个大类240多个评分项。如果将这一评分仅应用于个人消费、信贷、租赁等第三方交易过程中的信用判断,不存在问题;但如果将其与公民享受公共服务的权利挂钩,仅仅因为公民个人的基础信息不完善或文化程度较低,就无法公平享有各种公共服务,显然有失公允。更有甚者,一些基层直接将乡镇(街道)、村社治理过程中产生的个人或家庭诚信分,与其子女教育、补助发放、看病就医等关乎民众生存的基本权利直接挂钩,这就侵害了公民的合法权益,属于典型的滥用信用奖惩手段。笔者在某乡镇调研时,就曾碰到过一个当地村民状告村委滥用惩戒,结果被法院判定村委构成侵权的诉讼案例,且这个惩戒仅是几个村干部自己制定的规则,都未经村民代表大会讨论通过。这样的案例,相信在各地都有发生。国办发〔2020〕49号文因此特别强调了要确保过惩相当,尤其对失信惩戒措施,明确了要实行清单制管理,严格按照合法、关联、比例原则,防止小过重惩。

　　第三,信用隐私保护不到位,信息安全存在隐患。国办发〔2020〕49号文强调,公共信用信息公开不得侵犯商业秘密和个人隐私,法律、法规另有规定的从其规定。公开个人相关信息的,必须有明确的法律、法规或者国务院决定、命令作为依据或经本人同意,并进行必要的脱敏处理。显然,不少地方在实践过程中逾越了这条界线。首先,违法采集与公共信用无关的隐私信息;其次,不按规定随意公开隐私信息;再次,违规将隐私信息交由第三方开发使用。例如,在一些基层治理过程中,仅根据村社自己制定的评分办法,在未经本人同意的情形下就擅自将村民个人的诚信分制成二维码贴上墙供大家随意查阅,给诚信差的家庭亮红灯贴标签,这样的做法是不妥的。

如果说造成社会担忧信用泛化的一个原因是存在信用惩戒误用和滥用的客观事实,那么还有一个原因就是主观上的误解和曲解。第一,从公众的角度,存在认知偏差,误将"公共信用"当"征信",这一现象很有普遍性。在不少公众的认知中,信用的第一印象就是征信。不少地方或部门出台的信用文件中,明明清楚表明是列入公共信用,却误以为要将这些行为纳入个人征信。加上一些媒体有意无意地夸大其词或断章取义,引发了各种不必要的争论和非议。第二,从政府的角度,个别地方曲解了信用在社会管理中的作用。由于社会信用从范畴上既包括了经济层面的履约践约、法律层面的遵纪守法,同时还包括道德层面的诚信伦理,这就给肆意扩大社会信用边界一个"名正言顺"的理由,有批评人士形象地把它比喻为一个无所不包的"大箩筐",一个吸纳问题、推卸责任的"大筐",以及社会管理的"万能工具""特大号工具箱",什么都可以往里面装。而事实上,这是一种曲解。

仔细梳理近几年国家出台的有关社会信用体系建设的各类文件,可以发现,无一例外都强调了依法依规建设的必要性和重要性。显然,不少地方的信用实践对此没有予以足够的重视。

六、基层信用市场发育不成熟,信用应用与服务能力匮乏

在当前的基层社会信用体系建设过程中,各地在实践中出现了滥用误用信用惩戒的现象,同时还暴露出基层信用市场发育不成熟的问题,主要表现为信用服务机构综合实力不强、信用产品单一、信用服务能力弱、信用应用与创新的动力不足。尽管国家发改委主导的"信易+"系列旨在引导社会强化信用应用和创新的能力,但主要还是依靠政府的行政力量来推动。而事实上,正是因为

信用市场发育不成熟,各地在开展信用工作时缺乏有效的抓手,以至于过度依赖政府的信用奖惩手段,将所有信用工作的中心都围绕着政府奖惩这点公权力做文章。如果有成熟的信用服务市场,市场本身就会形成一种有效的奖励和约束机制,根据市场主体的守信和失信记录优胜劣汰,这既保证了公平,又避免了公众对奖惩公权力的过度关注。而政府最需要做的,就是按照相关法律法规的授权做好市场主体公共信用信息的披露。因此,如果无法发展和壮大信用服务机构和信用服务市场,就无法形成"政府＋市场"双轮驱动的局面。

第三节　基层社会信用体系建设的政策建议

一、针对上级政府的建议

（一）对标高质量发展目标,加强对基层的整体规划布局

建议将基层信用体系建设纳入各地信用"十四五"规划中,加强对基层信用体系建设的顶层设计和规划布局;建议将乡镇（街道）的主要领导纳入区（县、市）级信用体系建设工作领导小组成员单位组织架构中;建议将基层政府的信用工作纳入考核评价体系,加大对基层的考核力度。

（二）规范与鼓励并举,既要避免过犹不及,也不能因噎废食

建议加大镇街基层人员信用工作业务能力的培训,加强政策法规学习,提升其信用认知能力和业务水平。在信用体系建设过程中避免急功近利,毕其功于一役。必须让基层的信用体系建设始终运行在法治轨道上、法制框架内,依法依规实施信用惩戒,防止不当使用和滥用,确保过惩相当。同时,不能因噎废食,矫枉过正,将问题简单化,搞一刀切,挫伤地方信用创新的积极性。必须承认,信用奖惩机制运转整体是成功的。由于当前社会信用上位法尚未到位,执法边界不清晰,客观上造成基层信用监管执法和治理创新面临"过度作为"和"消极作为"的两难困境。建议建立执法容错纠错机制,切实保护好基层的积极性。建议进一步完善信用修复机制,引导失信主体自我纠错、主动自新。不能一罚了之,以罚代管。丰富信用修复的渠道和方式,统一修复标准,要及时遏制信用修复形式化、市场化倾向,防止沦为一门花钱"洗白"信用的生意。建议加

大信用激励的力度,以奖代罚,多做正向的引导,丰富激励的场景,尤其是让市场更好地发挥信用价值,发现信用的指挥棒作用和导向作用,在基层营造一个"守信光荣,信用有价"的良好环境。

（三）突出建设重点,建立科学的基层信用监测评估体系

建议进一步加大基层信用体系建设的考核力度。实施镇街信用监测评价,将当前国家层面的城市信用监测进一步下沉至乡镇（街道）,填补基层监测的空白。要结合当前基层信用体系建设的重点,围绕基层政府、市场和社会三类主体,将面向基层政府的政务诚信体系建设、面向市场主体的信用监管体系建设、面向社会公众的信用治理体系建设,以及支撑镇街信用的保障体系建设和推动镇街信用的服务体系建设这五大体系建设纳入监测范围,构建科学的评估指标体系。将监测结果作为基层信用工作考核评价的重要依据,有力推动基层信用体系建设进程。

（四）示范引领,以点带面,辐射带动

建议适时启动信用示范乡镇（街道）创评,将信用示范乡镇（街道）创评工作作为下一阶段建设的突破点。由国家发改委牵头开展信用示范乡镇（街道）、信用示范社区（村）、信用示范商户、信用示范单位、信用示范农户（家庭）等"信用示范体系"的创评,以各地红黑名单等信用优良、不良信息作为主要依据,汲取中国人民银行的"信用户""信用村""信用乡（镇）"评选,中央精神文明建设指导委员会的文明单位、文明村、文明社区、文明小城镇和文明乡镇（街道）、文明城市的评选,农业农村部的示范家庭农场、农民专业合作社示范社评选等兄弟部门的诚信（信用）评价做法经验,并将上述评选结果作为信用示范评选的重要参考。在各地树立一批基层信用体系建设的示范典型,及时总结和梳理各地信用建设的特色与亮点,以点带面,辐射带动更多基层广泛参与。同时,要避免多头评价、过度评价、为评价而评价,切实减轻基层负担。

二、针对基层政府的建议

（一）引领好一个头:政务诚信

乡镇（街道）要把政府自身的诚信建设摆在首要的位置,以政务诚信引领市场诚信和社会诚信。建议重点围绕公开透明、依法行政、清正廉洁、守信践诺和

人民满意五个方面,着力打造阳光政府、法治政府、廉洁政府、信用政府和服务型政府。建议为乡镇街道公职人员、村委会(居委会)干部、党员干部统一建立诚信档案,对失信行为实行一票否决。建议结合基层自身工作特点,将信用机制嵌入行政审批、行政监督检查、行政许可、行政确认、行政征收、行政裁决等行政管理过程中,提高行政效率。

(二)整合两类资源:监管力量、监管信息

第一,整合基层监管力量。建议强化镇街政府的组织保障,在基础条件较好的乡镇(街道),鼓励组建乡镇(街道)一级信用建设工作领导小组,成员单位覆盖村社主要干部;整体条件较薄弱的,可选择少数基础较好的乡镇(街道)进行试点,充实镇街政府信用工作队伍。建议整合镇街政府和职能部门的信用监管力量,要避免各自为政,多做加法,形成监管合力。建议通过信用激励机制或政府购买服务的方式,鼓励村社基层自治组织、社会公益组织、行业协会、第三方信用服务机构协同监管,有效化解基层信用监管力量不足的问题。

第二,整合基层监管信息。建议加大基层信用信息数字化建设力度,要避免信息设施的重复建设,将重点放在信用信息的融通层面。一是要着力解决数据共享中的三个老大难问题,打破数据条块分割的局面,构建横向到边、纵向到底的信用信息"立体网"。要通过加强部门之间的信用监管合作,在互通有无、优势互补中实现合作共赢,以此化解不愿共享的难题。二是要以《数据安全法》为依据,建立数据共享安全机制,明确政务数据安全与开放的责任义务,既要避免出现隐私数据"裸奔",同时也要应开尽开,以机制和技术作为保障,以此化解不敢共享的难题。要统一信用信息技术标准,避免人为造成"数据孤岛",以此化解不能共享的难题。三是要规范数据采集,依靠大数据、人工智能等技术手段来提高数据采集效率和质量,降低人工统计造成的数据采集效率低下和数据质量难以保证的负面影响,解决采集了却不能使用的问题。

(三)厘清三者关系:基层政府、市场主体和社会公众

要厘清基层政府、市场和社会各自在社会信用体系建设中的地位和作用,正确处理三者关系,让信用在社会治理中发挥基础性作用,建立政府、市场、社会协同共治的新局面。基层政府在社会信用体系建设中既不能"缺位",也不能"越位"。一方面,要发挥好领头羊和火车头的作用;另一方面,也要厘清权力边

界,避免手伸得过长,把握好分寸。让政府的归政府,市场的归市场,社会的归社会。切记不要在信用建设过程中大包大揽,既挤占了市场空间,又挫伤了社会积极性。市场主体要讲契约精神,将信用作为一种重要资本,重视自身的诚信建设,自觉维护公平竞争的市场环境;同时也要积极参与信用体系建设,更多地运用信用工具、信用手段去发现信用价值,为社会提供更丰富的信用应用场景与更优质的信用服务,降低交易成本,优化市场配置资源的效率。乡村和社区群众性自治组织要成为诚信的守护者和践行者,倡导诚信价值理念,把社会公德、职业道德、家庭美德和个人品德的塑造摆在重要的位置,形成"以诚实守信为荣,以见利忘义为耻"的良好风尚,降低全社会的信任成本。

(四)打好"四张牌":"信用＋治理"牌、"信用＋服务"牌、"信用＋监管"牌、"信用＋创新"牌

信用＋基层治理、信用＋基层服务、信用＋行业监管、信用＋基层创新"四张牌"是基层政府手中的大杀器,打好这几张牌,可以起到事半功倍的成效。

第一,打好"信用＋基层治理"牌。建议进一步深挖并发挥信用在村社治理、商户治理、重点人群治理和新型农业经营主体振兴方面的价值潜力。以信用记录、信用档案、信用分、信用评级等为抓手,将村(居)民、商户、基层公务人员、基层党员干部、青年群体、志愿者、农村富余劳动力、外来务工人员、新型农业经营主体的信用行为表现与基层治理工作挂钩,融入基层治理各环节,增强风险预警防范能力,及时化解基层矛盾,提升基层治理能力。

第二,打好"信用＋基层服务"牌。建议重点围绕信用助力行政管理工作,将信用嵌入行政许可、行政审批、资格(质)审核认定、公共资源交易、招投标、政府采购、行政监督检查、"绿色通道"、资金补助、保障房分配、信贷融资、求职创业等行政服务领域和管理环节,提供丰富的信用便民惠企服务,提升基层政府的服务能力和服务效率。

第三,打好"信用＋行业监管"牌。在整合基层信用监管力量和监管信息两类资源的同时,建议进一步加快公共信用综合评价、行业信用评价、第三方机构和行业协会商会的信用评价实施进度,为实施差别化监管、精准化监管提供支撑;建议加大信用市场的培育力度,鼓励信用服务机构、行业协会、高校和科研院所共同参与,协同监管,形成强大的监管合力。

　　第四,打好"信用＋基层创新"牌。建议因地制宜,创新宣传方式、宣传手段,将诚信文化、诚信理念融入当地风土人情、人文习俗中;建议立足资源禀赋和产业基础,充分发挥基层和群众的首创精神,积极探索信用在社会治理、商业活动、金融交易等领域更多更丰富的应用场景。同时加大政策支持力度,统筹协调更多资源,充分调动基层积极性,激发创新活力。

参考文献

［1］安强身,2009.我国农村金融生态环境评价指标体系研究[J].商业研究
(10):3.

［2］白丽萍,2009.城市公立医院信用评价指标体系研究[D].武汉:华中科技
大学.

［3］常相全,张守凤,2008.基于 AHP/DEA 的农村金融生态环境评价[J].统
计与决策(11):58-60.

［4］陈潮升,雍继敏,李蓉,2006.政府信用的评价标准、现状及对策探析[J].
四川行政学院学报(1):30-33.

［5］陈宸,2015.快递行业信用指标体系构建与评价研究[D].上海:华东交通
大学.

［6］陈二静,姜恩波,2017.文本相似度计算方法研究综述[J].数据分析与知
识发现(6):1-11.

［7］陈欢,李海东,2012.产品质量信用评价体系研究[J].质量与标准化(9):
45-48.

［8］陈思彬,郑磊,王彬,2015.工程造价咨询企业诚信评价研究[J].工程管理
学报(4):149-153.

［9］陈玉忠,高卿,钱玉民,2009.科技信用评价指标体系研究[J].标准科学
(2):53-58.

［10］陈哲明,彭耀辉,2006.区域金融生态环境评价指标体系及模型构建[J].
统计与决策(11):62-64.

［11］池静静,陈彬,2009.基于 TOPSIS 的灰色关联法在水资源安全评价中的
应用研究[J].水土保持通报(2):155-159.

[12] 崔亚东,2017.司法公信指数的探索与建立[J].中国应用法学(3):20-35.

[13] 丁鼎,高强,李宪翔,2020.我国城市营商环境建设历程及评价——以36个省会城市、直辖市及计划单列市为例[J].宏观经济管理(1):55-66.

[14] 丁娟娟,陈新辉,2006.企业管理人员职业信用等级模糊综合评判[J].管理前沿(4):79.

[15] 丁兆云,2008.互联网多维层次式舆情指数若干计算方法的研究与实现[D].长沙:国防科技大学.

[16] 杜宜君,2019.我国城市信用体系建设监测指标研究——基于第三方信用服务机构视角[D].北京:北京交通大学.

[17] 范柏乃,张鸣,2012.地方政府信用影响因素及影响机理研究——基于116个县级行政区域的调查[J].公共管理学报(2):1-10,22.

[18] 范新安,2015.我国地方政府信用评估研究[J].价值工程(4):292-294.

[19] 顾钰栋,郑磊,张星,2011.工程招标代理机构诚信评价指标体系研究[J].工程管理学报(6):700-703.

[20] 郭国峰,肖瑶,2019.国家中心城市信用环境质量评价——以郑州市信用环境建设为例[J].征信(12):61-67.

[21] 郭清香,林杨,2007.社会信用评价指标体系基本问题研究[J].中国特色社会主义研究(4):89-92.

[22] 海淀法院课题组,焦慧强,张弓,等,2018.关于构建司法公信评估指标体系的调研报告[J].法律适用(14):89-105.

[23] 韩嵩,2017.物流企业信用评价指标体系的构建研究[J].统计与管理(2):140-141.

[24] 郝嵘,关伟,2014.地区信用环境评价指标体系的探索和思考[J].西部金融(8):77-80.

[25] 何成娣,2020.科技信用评价指标体系构建及实证分析——基于AHP法[J].科技和产业(9):51-56.

[26] 胡滨,2009.区域金融生态环境评价方法与实证研究[J].经济管理(6):16-22.

[27] 胡俊超,2020.社会信用体系"领头羊":政务诚信建设理论与实践[M].北

京：中国金融出版社.

[28] 胡苗苗，2010.科技人员科研诚信评价模型初探[J].科技管理研究(1):
69-70.

[29] 胡益,李启华,江丽鑫,2015.广东营商环境指标体系研究[C]//市场经济
与创新驱动——2015岭南经济论坛暨广东社会科学学术年会分会场
文集.

[30] 黄国平,刘煜辉,2007.中国金融生态环境评价体系设计与分析[J].系统
工程理论与实践(6):7-14.

[31] 黄国平,刘煜辉,2007.中国金融生态环境评价体系设计与分析[J].系统
工程理论与实践(6):7-14.

[32] 霍琳,尚维,徐山鹰,等,2014.房地产开源舆情指数构建与政策影响研究
[J].信息系统学报(1):10.

[33] 贾应丽,2018.中国旅游企业商务信用评估体系研究[D].北京:中央财经
大学.

[34] 江西省高级人民法院课题组,张忠厚,卓泽渊,2014.人民法院司法公信现
状的实证研究[J].中国法学(2):92-107.

[35] 姜琳琳,2016.职业经理人信用评价指标初探[J].管理观察(1):63-65.

[36] 金惠红,陈许红,徐春芬,2010.旅游服务与管理的诚信评价指标体系构建
研究[J].中国管理信息化(15):54-55.

[37] 金欣雪,谢邦昌,2014.区域金融生态环境评价与实证[J].统计与决策
(15):160-162.

[38] 靳晓宏,王强,付宏,等,2016.主题事件舆情指数的构建及实证研究——
以食品安全主题为例[J].情报理论与实践(12):103-108.

[39] 康英,2012.基于AHP方法的社会信用体系评价研究[J].价值工程(17):
296-298.

[40] 课题组,2014.构建价格诚信评价指标体系研究[J].价格月报(8):18-24.

[41] 冷崇总,罗友根,江野军,等,2014.构建价格诚信评价指标体系研究[J].
价格月报(8):18-24.

[42] 李爱华,陈蕾,2012.地方政府诚信评价指标体系的构建[J].辽宁行政学

院学报(6):5-6.

[43] 李昌祖,胡思佳,杨延圣,2019.人民美好生活需要舆情指数的构建——基于浙江省的实证研究[J].浙江工业大学学报(社会科学版)(1):1-9.

[44] 李京玲,周崇浩,2008.浅谈监理行业诚信评价体系的建立[J].建设监理(1):16-18.

[45] 李奇,戎娜,2007.企业纳税信用等级评价现状与对策研究[J].商场现代化(5):372-373.

[46] 李阳,2018.人民法院司法公信评估指标体系的构建及应用研究[D].石家庄:河北科技大学.

[47] 李志军,张世国,李逸飞,等,2019.中国城市营商环境评价及有关建议[J].江苏社会科学(2):30-42,257.

[48] 林建宗,李翘,2015.电子商务平台诚信评价模型的建构[J].厦门理工学院学报(2):25-31.

[49] 刘成,2016.城市综合社会信用环境评价及其应用研究[D].北京:北方工业大学.

[50] 刘少伟,2018.投资者舆情指数对股价波动风险影响的研究[J].金融管理研究(2):200-227.

[51] 刘英奎,吴文军,李媛,2020.中国营商环境建设及其评价研究[J].区域经济评论(1):70-78.

[52] 刘正炼,陆赋生,陈慧,2006.医院信用评价体系的构建[J].中国医院(10):47-50.

[53] 柳成,张翠宁,2010.金融生态环境及其评价方法研究[J].农村金融研究(8):40-45.

[54] 楼裕胜,2021.公共信用信息环境下的企业信用评价研究[J].统计与信息论坛(2):110-118.

[55] 罗谷松,2011.网商诚信评价体系及评估模型的构建[J].商场现代化(10):79-80.

[56] 吕伟,陈雨晴,陈羚,2015.基于风险导向的纳税人信用评价体系研究[J].湖北社会科学(5):90-94.

［57］ 马自强，旷开萃，方建慧，2003.建筑企业诚信评估指标体系的分析[J].同济大学学报(社会科学版)(4):57-63.

［58］ 毛通，谢朝德，2020.基于百度大数据的信用舆情指数构建与实证研究[J].征信(1):8-17.

［59］ 毛通，谢朝德，2020.基于舆情大数据的城市信用治理满意度评价——来自 17 个 GDP 超万亿元大城市的实证[J].征信(9):15-23.

［60］ 孟天广，赵娟，2019.大数据时代网络搜索行为与公共关注度:基于 2011—2017 年百度指数的动态分析[J].学海(3):41-48.

［61］ 孟祥岩，2017.北京市城市信用体系建设问题研究[D].北京:北京交通大学.

［62］ 苗丽娜，2007.基于系统动力学的金融生态环境评价研究[D].武汉:武汉理工大学.

［63］ 彭迪云，陈波，刘志佳，2019.区域营商环境评价指标体系的构建与应用——以长江经济带为例[J].金融与经济(5):49-55.

［64］ 彭向刚，马冉，2018.政务营商环境优化及其评价指标体系构建[J].学术研究(11):55-61.

［65］ 皮台田，张安祥，2008.安全生产诚信评价管理实践与探索[J].中国安全生产科学技术(6):143-146.

［66］ 秦振强，叶谢康，陈澍，2006.区域信用环境评价及相关问题研究[J].福建金融(4):4-8.

［67］ 任皓，方向明，2005.试论大学生诚信评价体系的构建[J].浙江工商大学学报(1):88-91.

［68］ 石晓军，郑海涛，2006.国家信用体系的多维指数方法及实证研究[J].财经研究(1):4-15.

［69］ 舒小庆，2008.政府公信力:价值、指标体系及其实现途径——兼论我国诚信政府建设[J].南昌大学学报(人文社会科学版)(6):25-29,35.

［70］ 四川省高级人民法院课题组，李少平，郝银钟，2007.人民法院司法公信调查报告[J].法律适用(4):38-41.

［71］ 宋健，2006.基于 AHP 和因子分析的地区信用环境指标体系构建的实证

研究[J].中国软科学(6):111-119.

[72] 孙良泉,孙莹,张娅,2018.大数据背景下济南市社会信用指标体系构建问题研究[J].山东经济战略研究(10):54-58.

[73] 孙萍,陈诗怡,2019.基于主成分分析法的营商政务环境评价研究——以辽宁省14市的调查数据为例[J].东北大学学报(社会科学版)(1):51-56.

[74] 孙晓东,焦玥,胡劲松,2005.基于灰色关联度和理想解法的决策方法研究[J].中国管理科学(4):63-68.

[75] 谭俊峰,2014.司法公信研究[D].武汉:华中师范大学.

[76] 谭禄璐,2019.自媒体人诚信评价体系构建:让新闻不再"震惊"[J].声屏世界(1):3.

[77] 谭中和,2020.建立我国医保信用综合评价指标体系刍议[J].中国医疗保险(4):41-44.

[78] 谭中明,江红莉,张静,2015.基于贝叶斯网络的食品生产企业诚信度评估[J].统计与决策(23):181-183.

[79] 唐慧,2012.交通运输企业信用评价及其指标体系研究[J].交通企业管理(8):66-67.

[80] 唐铁汉,2005.提高政府公信力建设信用政府[J].中国行政管理(3):8-10.

[81] 唐叶云,2016.基于熵权模糊综合评价法的物流企业诚信评价研究[J].物流工程与管理(4):3-6.

[82] 唐叶云,2020.基于熵权法的物流企业诚信评价指标体系研究[J].中国物流与采购(21):55-56.

[83] 天津市第二中级人民法院课题组,2013.从粗放到系统:论司法公信评估体系的构建[J].法律适用(1):5.

[84] 田侃,马晓洁,段娜娣,2010.我国信用环境与现代服务业耦合关系的定量研究[J].财贸经济(4):128-134.

[85] 汪军,2013.社会信用体系建设绩效的综合评估研究——以"十一五"期间上海市为例[J].征信(7):12-16.

[86] 汪祖杰,张轶峰,2006.区域金融生态环境质量评估指标体系研究[J].金融研究(5):150-158.

［87］王昊,王林鹏,2019.基于隐式马尔科夫算法的政府信用评估和预测［J］.
征信(12):31-37.

［88］王莉,2019.我国企业环保信用评价指标体系的三维建构［J］.江西社会
科学(6):196-206.

［89］王宁江,章铖,应瑛,2013.地区信用水平的科学测度——地区信用水平
评价指标体系研究［J］.浙江经济(2):46-47.

［90］王绍乐,刘中虎,2014.中国税务营商环境测度研究［J］.广东财经大学学
报(3):33-39.

［91］王婷,李雷,王伟,2008.交通运输企业信用评价模型构建［J］.河北交通
科技(4):63-66.

［92］王晓,任文松,2015.科学构建司法公信评价体系［J］.中国司法(6):1.

［93］王秀芳,2006.金融生态环境评价问题研究［J］.金融理论与实践(9):
29-32.

［94］吴晶妹,2013.三维信用论［M］.北京:当代中国出版社.

［95］吴晶妹,崔萌,孔德超,2018.新时代的政府信用评价研究:一个全新视角
的综述与展望——基于wu's三维信用论［J］.现代管理科学(4):3-5.

［96］吴晶妹,薛凡,2016.吴氏三维信用理论在科技信用评价中的应用［J］.科
学管理研究(3):37-40.

［97］夏文莉,2013.基于因子分析法的科研诚信评价机制研究［J］.科研管理
(10):118-121,137.

［98］向宁,王于鹤,2016.佛教互联网舆情指数的构建与互联网舆情评估［J］.
世界宗教文化(4):15-20,158.

［99］解恒鑫,2016.山东省社会信用环境的评价与大数据探究［D］.济南:山东
财经大学.

［100］谢红星,2019.营商法治环境评价的中国思路与体系——基于法治化视
角［J］.湖北社会科学(3):138-147.

［101］熊学萍,何劲,陶建平,2013.农村金融生态环境评价与影响因素分析
［J］.统计与决策(2):100-103.

［102］徐丹丹,刘凯元,曾章备,等,2016.我国区域农村金融生态环境评价研

究——基于突变级数法的分析[J].农业经济问题(4):70-80.

[103] 徐光超,2013.地方政府政务诚信评价指标体系的构建与完善[J].河南农业(20):61-62.

[104] 徐军,陈晓磊,朱珍瑛,等,2020.医保诚信评价指标体系构建的思路与方法[J].中国医疗保险(7):29-31.

[105] 徐诺金,2005.论我国的金融生态问题[J].金融研究(2):35-45.

[106] 徐小林,2005.区域金融生态环境评价方法[J].金融研究(11):39-45.

[107] 徐映梅,高一铭,2017.基于互联网大数据的CPI舆情指数构建与应用——以百度指数为例[J].数量经济技术经济研究(1):94-112.

[108] 徐章一,吴应秋,2012.综合型物流企业诚信评价研究[J].物流技术(9):95-97+105.

[109] 许伟,2018.青年志愿者信用评价指标体系构建[J].中国共青团(8):26-27.

[110] 严清华,高璇,2010.公共信用评价指标体系构建初探[J].珞珈管理评论(2):77-88.

[111] 杨柳,2014.社会信用体系建设成效的评价指标体系研究[D].杭州:浙江大学.

[112] 杨秋菊,罗月领,2013.政府诚信的评价与建设[J].征信(12):60-63.

[113] 杨涛,2015.营商环境评价指标体系构建研究——基于鲁苏浙粤四省的比较分析[J].商业经济研究(13):28-31.

[114] 姚爽,黄玮强,张展,等,2015.区域金融生态环境评价——基于修正变异系数法[J].技术经济(10):61-67.

[115] 姚小义,钟心岑,杨凯,2013.中国信用环境评价——基于2006～2010年的省际数据[J].财经理论与实践(3):12-18.

[116] 姚延波,焦彦,胡宇橙,等,2013.我国旅游企业诚信评价指标体系的构建[J].天津师范大学学报(社会科学版)(6):30-34.

[117] 叶陈毅,陈依萍,谢丽莉,等,2019.基于因子分析的京津冀社会信用环境评价研究[J].财会通讯(26):66-70.

[118] 俞庆进,张兵,2012.投资者有限关注与股票收益——以百度指数作为关

注度的一项实证研究[J].金融研究(8):152-165.

[119] 喻国明,2013.现阶段中国社会舆情的态势,热点与传播机制研究——大数据分析下的中国社会舆情:总体态势与结构性特征[J].中国人民大学学报(5):2-9.

[120] 喻国明,李彪,2010.2009年上半年中国舆情报告(上)——基于第三代网络搜索技术的舆情研究[J].新闻传播学研究(1):132-138.

[121] 袁晋华,朱锦,2005.建立我国区域金融生态环境评价指标体系初探[J].武汉金融(11):47-48.

[122] 袁雪丹,毛振华,2020.中药生产企业信用评价指标体系构建研究——基于行业自律视角[J].中国物价(6):89-92.

[123] 岳上植,2005.会计诚信评价体系构建的思考[J].会计研究(4):73-76＋96.

[124] 张崇,吕本富,彭赓,等,2012.网络搜索数据与CPI的相关性研究[J].管理科学学报(7):50-70.

[125] 张存如,2008.政府诚信及评价指标研究[D].杭州:浙江大学.

[126] 张大海,祝志川,2019.因子分析与熵值法下我国营商环境评价[J].财会月刊(18):123-130.

[127] 张发明,2018.综合评价基础方法及应用[M].北京:科学出版社.

[128] 张芳,化存才,何伟全,等,2013.采用网络舆情指数评价体系分级预警的多层模糊综合评判模型[J].重庆理工大学学报(自然科学)(12):123-128.

[129] 张靖雅,蒋文涛,杨佩洁,等,2020.家政企业诚信评价体系构建的探索[J].现代商业(14):54-55.

[130] 张俊东,2004.地方政府公信力评估问题研究[D].武汉:华中科技大学.

[131] 张俊民,韩传模,王成秋,2005.会计师事务所诚信监管评价指标体系研究[J].北京工商大学学报(社会科学版)(5):59-66.

[132] 张明,朱建军,2016.世界典型国家诚信环境的综合评价分析——基于12个国家2009—2013年时间序列数据[J].科技与经济(6):96-100.

[133] 张培凡,刘功申,2013.分级指标体系下的网络舆情指数计算[J].信息安

全与通信保密(1):57-59.

[134] 张瑞怀,2006.基于BP神经网络模型的农村金融生态环境综合评价[J].
金融理论与实践(10):29-31.

[135] 张三保,康璧成,张志学,2020.中国省份营商环境评价:指标体系与量化
分析[J].经济管理(4):5-19.

[136] 张思浜,2016.政务诚信的评价指标及其实证研究——以苏州某区行政
服务中心为例[J].苏州科技学院学报(社会科学版)(6):8-12.

[137] 张弢,2015.开展区域信用环境评价,推动地方信用体系建设[J].征信
(9):42-46.

[138] 张晓锋,2007.区域金融生态环境评价指标体系研究[J].金融经济(24):
111-113.

[139] 张原,2015.区域信用环境评价指标体系研究——以陕西省为例[J].西
北大学学报(哲学社会科学版)(1):9.

[140] 张原,陈玉菲,高革,等,2015.基于因子分析的陕西省区域信用环境评价
研究[J].北京交通大学学报(2):13-22.

[141] 浙江省余姚市人民法院课题组,2013.关于人民法院司法公信的调研报
告[J].人民司法(5):4-7.

[142] 郑方辉,王正,魏红征,2019.营商法治环境指数:评价体系与广东实证
[J].广东社会科学(5):214-223,256.

[143] 郑海涛,任若恩,2005.TT指数的进一步研究及其实证分析[J].统计研
究(1):46-50.

[144] 郑磊,李茜,赵伟光,2014.建设工程监理企业诚信评价研究[J].工程管
理学报(4):148-152.

[145] 郑磊,吕俊友,朱磊,2012.建筑业企业诚信评价关键指标研究[J].工程
管理学报(5):110-113.

[146] 郑磊,彭胜男,刘军,2011.总监理工程师诚信评价指标研究[J].工程管
理学报(4):383-387.

[147] 郑磊,张亚静,彭胜男,2012.评标专家诚信评价指标体系研究[J].现代
管理科学(8):39-41.

［148］郑通斌,2014.司法公信评价体系的管理学探析[J].人民司法(7):57-71.

［149］中国城市商业信用环境课题组,2012.中国城市商业信用环境指数研制与分析[J].财贸经济(2):89-97.

［150］中国人民银行洛阳市中心支行课题组,2006.区域金融生态环境评价指标体系研究[J].金融研究(1):167-177.

［151］中经网,2019.中国城市信用状况监测评价报告(2019)[M].北京:中国经济出版社.

［152］周航,胡昊,2008.建设工程咨询行业信用评价指标体系应用研究[J].建筑经济(9):22-25.

［153］周津,2008.企业家诚信评价模型的构建研究[D].长沙:中南大学.

［154］周炯,魏佩佳,2012.省域金融生态环境评价研究[J].西北大学学报(哲学社会科学版)(1):123-126.

［155］周妮笛,2010.基于 AHP-DEA 模型的农村金融生态环境评价——以湖南省为例[J].中国农村观察(4):10-19,95.

［156］朱建军,孙涵洲,张明,2016.基于熵权-TOPSIS 的省域诚信环境动态综合评估——基于 2009—2013 年的样本研究[J]征信(6):55-60.

［157］庄东泉,2006.试论旅游企业诚信评价体系的建设[J].社会科学家(3):121-123.

［158］Churchill G A ,Surprenant C,1982．An investigation into the determinants of customer satisfaction[J].Journal of Marketing Research (4):491-504.

［159］Ginsberg J,2009.Detecting influenza epidemics using search engine query data[J].Nature (457):1012-1014.

［160］Oliver R L,1980．A cognitive model of the antecedents and consequences of satisfaction decisions[J].Journal of Marketing Research (4):460-469.

［161］Oliver R L,1993.Cognitive,affective and attribute bases of the satisfaction response[J].Journal of Consumer Staisfaction (20):419.

［162］Ripberoer J T,2011.Capturing curiosity：using internet search trends to measure public attentiveness[J]. Policy Studies Journal (39):239-259.

[163] Theil H, 1965. The information approach to demand analysis[J]. Econometrica (1):67-68.

[164] Theil H, 1973. A new index number formula[J]. The Review of Economics and Statistics, (55):498-502.

[165] Theil H, 1974. More on Log-Change Index Numbers[J]. The Review of Economics and Statistics (4):552-554.

[166] Tornqvist L, 1936. The bank of finland's consumption price index[J]. Bank of Finland Monthly Bulletin (10):1-8.